CHIARA SALOMONE
VANESSA ORTOLANI
SARA ROBBIATI

U-NIKE

Il Viaggio Alla Scoperta Della Tua Unicità

Titolo

"U-NIKE"

Autore

Chiara Salomone

Vanessa Ortolani

Sara Robbiati

Editore

Bruno Editore

Sito internet

http://www.brunoeditore.it

Sommario

Introduzione

Che cosa significa essere donna oggi? Come si può manifestare la propria femminilità?

Siamo qui per aiutarti nel percorso del tuo essere donna: un cammino non sempre facile, mutevole e, a volte, intriso di nuove sfide da affrontare.

Noi di U-nike vogliamo tenderti la mano e sostenerti in questo meraviglioso viaggio. Vogliamo diventare il tuo punto di riferimento in una società che va veloce e che non si arresta mai, per farti riflettere e comprendere al meglio i molteplici aspetti e ruoli a volte assunti nelle varie fasi della vita.

Anche tu sarai una di noi, una U-nike, con il suo mondo, le sue sfide e la sua vita da raccontare.

"Essere donna è così affascinante. È un'avventura che richiede un tale coraggio, una sfida che non annoia mai" (Oriana Fallaci).

In U-nike raccontiamo delle storie, proprio quelle storie di donne che ci invitano a riflettere e che ci ispirano a una visione proattiva per creare, insieme, il mondo in cui vogliamo vivere.

Al tal proposito, prima di proseguire, permettici di parafrasare la parola U-nike.

Leggendola nella sua interezza, "Unike" racchiude da un lato le peculiarità, le particolarità e la singolarità di ogni donna, ossia la sua *unicità*, ma l'interpretazione al plurale "Unike" racchiude un senso più ampio, di inclusione, ossia del network, della condivisione e della compartecipazione che possono tra di loro creare, dar vita e, perché no? inventare, le iscritte alla tribù U-nike.

Per quello che riguarda la parola "Nike", è un chiaro riferimento a una dea: la dea della Vittoria.

Nike è un personaggio della mitologia greca ed è raffigurata con una donna con le ali; da qui l'appellativo Vittoria alata. Il logo di U-nike è formato da ali, proprie della dea.

La dea Nike è celebrata in occasione delle vittorie nelle gare atletiche o artistiche, ma anche negli scontri bellici.

Secondo la mitologia classica, Stige portò i suoi quattro figli da Zeus, mentre stava raggruppando gli alleati per la guerra contro i Titani. Fu così che Zeus nominò la dea Nike condottiera del suo carro divino.

Una curiosità del presente: la famosa azienda di articoli sportivi Nike ha preso il nome proprio dalla dea greca e il suo simbolo è l'ala della dea stilizzata.

Torniamo alla grande opportunità di diventare donne U-nike nei nostri tempi moderni.

Non c'è mai stato un tempo nella storia in cui le donne avessero più diritti, più possibilità e più opportunità di oggi.
Le donne gestiscono imprese, perseguono carriere, governano

Paesi e realizzano i propri sogni, con un sano equilibrio tra i vari ruoli della loro vita.

Questo è un ottimo momento per essere donna. Si può ambire a fare qualunque cosa si voglia; esiste una moltitudine di opzioni e scelte, molte di più di quante ce ne siano mai state, o, semplicemente, di quante si è mai sognato di averne.

Prima di capire cos'è l'energia, l'essenza femminile e perché questi concetti sono importanti, dobbiamo parlare della realtà in cui le donne si trovano a vivere.

La femminilità non è un concetto molto utilizzato, perché porta con sé retaggi non sempre positivi e spesso viene usato nella lotta per la parità dei diritti di genere.

Non è un caso, infatti, se per femminilità viene data tra le definizioni anche questa: "È un insieme di caratteristiche fisiche, psichiche e comportamentali associate alle donne, diverse e contrapposte a quelle ritenute proprie degli uomini".

Da qui, è inevitabile che il concetto si carichi di significati *altri*.

Quando si parla delle qualità che hanno le donne, si sottolineano sempre le diversità rispetto a quelle degli uomini; in questo modo, si guarda alla diversità come a un fattore di disuguaglianza tra i sessi.

Come donne, leggiamo spesso messaggi, veicolati anche con una certa insistenza, di uguaglianza, forza, *empowerment*, valori e idee in cui è fondamentale credere o nei quali rispecchiarsi.

A volte, però, sembra che stia diventando una battaglia per la quale non siamo sicure che valga la pena lottare.

Siamo sicure che sia una battaglia giusta per noi? Ha senso concentrare in questa molte delle nostre risorse, forze ed energie?

Noi di U-nike vogliamo andare *oltre* questi schemi, *oltre* queste concezioni, perché crediamo che vincere non significhi superare gli altri ma migliorare solo sé stesse.

In questo modo troveremo il nostro benessere, la nostra serenità, il nostro equilibrio.

Se la maggior parte delle donne iniziasse effettivamente a pensare che oggi ci siano più opportunità e possibilità di sempre, questo convincimento diventerebbe una realtà ancora più concreta.

“Il segreto per andare avanti è iniziare” (Sally Berger).

Le cose cambiano a partire da noi: è questo il concetto di fiducia che dobbiamo perseguire e manifestare nel contesto in cui viviamo.

È una questione di percezione, esperienza personale che ogni donna ha dentro di sé che poi rivela all’esterno.

Che donna vuoi essere?

Noi donne siamo sempre più sottoposte a pressioni: ci viene detto di ottenere di più, di essere di più e di fare di più.

Se non rincorri il successo determinato da altri e vai verso i tuoi sogni, spesso appari come una donna non realizzata. Se ti realizzi nel lavoro sei ambiziosa; se la tua ambizione è la famiglia, non vuoi lavorare. Se non concili famiglia e lavoro, sei egoista.

Ma chi decide quali sono davvero i parametri per cui una donna definisce il suo successo, la sua realizzazione? Quali sono i concetti davvero fondamentali?

In una realtà così multiforme il concetto del relativismo è preponderante: ciò che è importante per noi non è detto che sia fondamentale per te che stai leggendo questo libro.

Ognuna di noi decide cosa è davvero importante, secondo la sua scala di valori.

Noi siamo qui per aiutarti a ritrovarti come donna, a essere e a manifestare la tua femminilità in tutta la sua bellezza e in tutta la sua forza e potenza.

Madri, imprenditrici, professioniste o manager: siamo tutte U-nike a modo nostro.

Non è detto che tu voglia perseguire la carriera o essere solo una mamma, sederti alle riunioni di un consiglio d'amministrazione di una grande azienda, correre senza mai fermarti cercando di rispettare tutte le scadenze familiari.

Cosa succede se non si desidera avere la responsabilità di una professione?

Cosa succede se il tuo obiettivo principale è quello di prendersi cura della tua famiglia?

E se ci si volesse dedicare alla propria spiritualità senza occuparsi del successo?

E se si decidesse di non diventare mamma? E se, più semplicemente, si sta ancora cercando di capire il proprio scopo, la propria visione?

Cosa succede se ci sentissimo strette dandoci e definendoci sotto un'etichetta? E se volessimo solo sentirci vive, qualunque cosa questo significhi?

Forse lo scopo della vita è viverla pienamente e forse non deve esserci sempre una traiettoria lineare da seguire: il percorso come donna è disordinato, complicato e intricato.

U-nike promuove una femminilità profonda e un tipo di donna che comprende che il suo lavoro, la sua carriera, la sua posizione, il suo ruolo sono importanti, ma non definiscono chi si è veramente, perché per U-nike il più grande successo che una donna possa ottenere è conoscere sé stessa e la sua forza.

Le donne U-nike sanno cos'è la femminilità e la vogliono manifestare. Sono donne che non si nascondono dietro i loro ruoli. Sono donne che non vogliono avere successo solo per dimostrare quanto valgono.

Le donne U-nike vogliono il meglio per sé stesse e per le persone che amano, vogliono più verità, più potenza, più gioia, più complicità.

Le donne U-nike definiscono e disegnano il loro futuro, agendo in funzione degli obiettivi desiderati.

Se ti senti in questo modo allora sei nel posto giusto, questo è il libro per te!

In U-nike puoi iniziare un percorso che ti condurrà verso ciò che desideri. Hai il permesso di essere te stessa in uno spazio sicuro. Solo tu deciderai cosa funziona per te.

L'energia femminile è forza. L'essenza femminile è flusso. È pienezza. La forza femminile è radiosità ed è la stessa forza vitale che dona la vita.

È una natura selvaggia e istintiva che tutte le donne possiedono. È la conoscenza inspiegabile che viene da lontano. Come l'oceano, è vasta, riempie gli spazi vuoti, purifica, ospita la vita, parla al cuore e all'anima.

Adesso che la conosci, manifesta e abbraccia la tua femminilità. Cos'è dunque la femminilità? Cosa significa essere una donna?

Capita di sentirsi sopraffatte, confuse e incerte su come bilanciare la propria vita e su come navigare nel mare dell'essere donna. Questo libro nasce proprio anche per darti strumenti concreti per manifestare la tua energia femminile, in tutta la sua completezza, al fine di renderti libera. Libera di *essere*.

Nel prossimo capitolo ti racconteremo chi siamo, i nostri valori, nonché le nostre storie personali, al fine di trasmetterti come siamo giunte a unirci, noi tre, Chiara, Sara e Vanessa, per fondare U-nike e le motivazioni che si celano dietro al nostro progetto.

Nel capitolo 3 ti daremo i 10 e più passi per iniziare a diventare anche tu una delle donne U-nike: sono degli spunti, semplici idee, che possono fare realmente la differenza nella tua vita.

Per quello successivo abbiamo intervistato molte donne, chiedendo cosa significa per loro femminilità e l'essere in equilibrio con sé stesse.

Ognuna ha risposto in maniera diversa a seconda della propria età, delle proprie esperienze personali e della propria educazione.

Attraverso le loro di storie, illuminanti e “uniche”, potrai “fare tue” delle nozioni e ispirazioni da utilizzare tu stessa nella tua quotidianità.

Nel capitolo 5, poi, leggerai com’è formato il percorso U-nike, dove trovare uno spazio di condivisione in cui anche tu potrai essere te stessa al cento per cento e dare voce alla tua di storia.

Infine, nell’ultimo capitolo abbiamo riservato uno speciale regalo per te, una volta che avrai deciso di entrare nella tribù delle donne U-nike: ti consigliamo vivamente di arrivare fino in fondo con la lettura di questo libro per riservarti il dono che abbiamo creato per te.

Adesso, sei pronta a unirti ad altre donne U-nike che, come te, vogliono manifestarsi?

Siamo al tuo fianco, inizia il tuo viaggio insieme a noi!

Ti aspettiamo!
Buona lettura e buon viaggio.

Capitolo 1:
Presentazione U-nike

U-Nike rappresenta la risposta alla volontà di molte donne di intraprendere un viaggio verso la scoperta e la realizzazione della propria unicità: un'unicità senza giudizio, senza paura, senza catene né limiti reali o immaginati.

Unicità che si manifesta nella consapevolezza della propria bellezza interiore ed esteriore, della propria femminilità, intelligenza, autenticità, saggezza ed equilibrio, della propria luce libera di brillare.

Potrebbe essere, a volte, un punto di partenza di un lungo percorso evolutivo, altre volte, una continuità in una strada già intrapresa oppure un traguardo già raggiunto ma ancora tutto da esprimere nella quotidianità.

U-nike vuole accompagnare le donne che desiderano migliorarsi, sviluppare competenze e trovare le risorse per creare la vita a cui aspirano, nel massimo rispetto di loro stesse.

Per farlo utilizziamo strumenti pratici e innovativi oltre al sostegno di professioniste qualificate in diversi settori, che ti accompagneranno e sosterranno nel risolvere questioni importanti oppure semplicemente ti aiuteranno nella tua evoluzione nei diversi ruoli della tua vita, così che questi siano armonizzati e contribuiscano a determinare la tua felicità.

U-nike nasce dalla determinazione, forza, volontà e fermezza di tre donne; non nasce come *empowering* al femminile, non come dimostrazione di quanto si possa ottenere tutto nella vita, ma come sostegno a chi vuole fare la differenza per sé stessa, la propria famiglia, gli amici e, perché no? per il mondo.

È un processo evolutivo rivolto alla scoperta della femminilità, dell'eleganza, dell'intelligenza, dell'autenticità, della sensualità, della profondità, della coscienza e conoscenza del proprio valore, per far sì che si possa manifestare e sprigionare, al fine di ottenere quella vita che si è sempre sognata.

Il nostro scopo è quello di permettere di manifestare la propria energia femminile, al fine di rendere la donna libera di *essere*.

U-nike è uno spazio di crescita e di confronto in cui ritrovarsi, e, soprattutto, prendere consapevolezza della propria unicità e potenzialità: una tribù di ispirazione, insegnamento, condivisione ed esperienza.

I temi sono vasti e ricoprono i molteplici aspetti della vita, come *lifestyle*, famiglia, protezione personale e patrimoniale, professione, carriera, pensieri ed emozioni.

Attraverso U-nike le donne saranno più informate, più potenziate e più protette; si sentiranno a proprio agio in una comunità di altre donne.

L'obiettivo è quello di non farsi sopraffare dalla quotidianità, lasciare andare i *must* e fare scelte consapevoli, compiere azioni potenzianti per migliorare la propria vita anziché sognare e pianificare senza ottenere risultati.

Le nostre storie.

Chiara Salomone.

Chiara nasce in un paesino tra Milano e Bergamo nel 1989 sotto il segno dei Gemelli.

Quattro sono i pilastri della sua vita: il volontariato, la psicologia, il marketing e la moda.

Chiara, una volta concluso il liceo classico, decide di partire alla volta delle Ande per svolgere attività di volontariato che caratterizzerà gran parte della sua vita: non a caso si ritroverà volontaria in molti Paesi dell'Est Europa e anche in Italia come operatrice della Croce Rossa.

Nel suo percorso apre anche un'associazione di volontariato a Cassano d'Adda chiamata "Lego" che si occupa di seguire i bambini nel post scuola.

Dopo il Liceo classico e le Ande, Chiara torna in Italia per iscriversi alla facoltà di Psicologia. È stata sempre attratta e incuriosita dalle persone e dai loro comportamenti. Inoltre, si specializza in scienze cognitive dei processi decisionali nelle organizzazioni in quanto affascinata dal coordinamento e dalla gestione.

Questa virata che la allontana dalla psicologia clinica la porta a lavorare come HR. Nel frattempo nasce Aurora, frutto dell'amore con il compagno con cui è legata dall'età di quattordici anni.

Dopo queste due esperienze Chiara si rende conto che ha bisogno di altro ed è proprio da qui che inizia il suo cambiamento.

Non si lamenta della sua condizione e fin da subito si rimbocca le maniche. Riprende, quindi, in mano le sue passioni e da queste nasce Neurofashion, un e-commerce che si occupa di psicologia e di moda.

Con Neurofashion inizia a fare ricerche sulle correlazioni che legano le due aree.

Da queste ultime realizza, ad esempio, che lo shopping può essere usato come uno strumento riabilitativo per persone con Dca

Essendo questo, ancora oggi, un progetto in divenire, Chiara si occupa di consulenze del marketing e lavora con numerose aziende. Proprio nel momento in cui la sua vita si sta rivoluzionando arriva "U-nike".

Sara e Vanessa le parlano del progetto e Chiara aderisce appieno dando il suo contributo.

Le donne per Chiara sono davvero molto importanti: la sua è una famiglia di donne, ha lavorato per le donne in oncologia e con Moda e Psiche parla soprattutto con donne.

U-nike è vista da Chiara come quel progetto che mette insieme i suoi pilastri e spera con tutto il cuore che diventi uno strumento di costruzione per lasciare qualcosa che abbia un senso… alla figlia e al mondo.

Sara Robbiati.

Sara nasce da una famiglia di imprenditori in un paesino fuori

Milano.

Suo padre, molto ligio al lavoro, ha ereditato e portato avanti l'azienda fondata nel dopoguerra dai genitori. Dedito alla sua attività, ha cresciuto la propria famiglia con la consapevolezza che bisognasse lavorare e studiare per realizzare e creare una vita dignitosa, per sé, sua moglie, Sara e i suoi fratelli.

Sua mamma ha assunto il ruolo di casalinga e si è completamente orientata alla cura della casa e della famiglia in totale serenità e amore.

I primi anni di Sara scorrono in modo equilibrato, sport e scuola, amici e hobby, calore familiare.

A ventidue anni perde suo padre, iniziando così, lei stessa, a lavorare nell'azienda di famiglia, mentre studia per la laurea breve in Lingue. Dopo averla conseguita e aver svolto per qualche anno un lavoro attinente ai suoi studi, si rende conto che probabilmente quell'impegno non è quello che avrebbe voluto per la sua vita.

Decide, quindi, di partire per l'Australia e fare un'esperienza di crescita lontana, al fine di cercare qualcos'altro di realmente importante per sé stessa.

Quella *meravigliosa avventura*, così da lei definita, le fa scoprire il suo personale "Santo Graal" e, quando rientra dopo un anno, introduce il progetto di sviluppo verso i mercati esteri nell'azienda di famiglia. Comincia a viaggiare spesso, soprattutto negli States, per conoscere persone e culture diverse.

Tuttavia, si rende conto che anche questa strada non è quella che l'avrebbe portata verso la vera realizzazione: provava la costante sensazione che qualcun altro detenesse il controllo dei fili e, dentro di sé, sentiva di vivere una vita che non le apparteneva.

Era solo una sensazione, non aveva ancora la conoscenza concettuale e spirituale che le potesse chiarire da dove provenisse quel *mal di pancia*. Non aveva il grado di consapevolezza di oggi, ma… quando l'allievo è pronto il Maestro arriva, non casualmente e al momento giusto.

Infatti, sul suo percorso, durante la sua progressiva ricerca, incontra la Pnl, Programmazione neuro-linguistica, ovvero un metodo di comunicazione e un sistema di *life coaching*, *self-help e counseling*, definito da Wikipedia come:

"Approccio alla comunicazione e allo sviluppo personale. Il nome deriva dal fatto che ci sia una connessione fra i processi neurologici (parola Neuro), il linguaggio (parola Linguistico) e gli schemi comportamentali appresi con l'esperienza (parola Programmazione), affermando che questi schemi possono essere organizzati per raggiungere specifici obiettivi nella vita."

Sara viene rapita fin da subito da questa materia e se ne innamora, descrivendola persino come la propria *Epifania.* Partecipa a corsi specifici in Pnl e *Counseling* breve sia in Italia che all'estero; studia, si forma, sperimenta.

La prima persona su cui applica tutte le nozioni apprese è sé stessa: inizia a dare forma alla vita che avrebbe voluto realmente.

Da quel momento progredisce incessantemente, alzando i propri standard: come lo chiama Anthony Robbins, un continuo e costante miglioramento (Cocomi).

Da quel momento la sua vita sperimenta un'evoluzione entusiasmante: da quella professionale a quella personale. L'azienda familiare cresce, lei si approccia anche al mondo dell'immobiliare: investe in immobili per diversificare il proprio patrimonio e, al tempo stesso, creare liquidità.

Una nuova materia da studiare e mettere in atto, conosciuta grazie a corsi specifici creati da Alfio Bardolla, il suo mentore dell'epoca che successivamente diventerà il suo compagno di vita, e con il quale avrà due figli.

Tuttavia, nonostante i successi ottenuti, sente che anche l'immobiliare non sarebbe stata la sua strada definitiva.

Nel frattempo Sara e Alfio pubblicano, insieme, anche un libro: *Il denaro spiegato ai miei figli*, in cui descrivono consigli pratici su come educare i figli al rapporto con il denaro, utile per chiunque si trovi a crescere ed educare minori, offrendo inoltre l'opportunità di riflettere sul proprio personale modo di approcciarsi al lavoro e al denaro.

Libro bestseller che ha ottenuto un ottimo riscontro dal pubblico, sia per la semplicità del linguaggio utilizzato, che per il tipo di argomento affrontato. Proprio grazie a questo libro si rende conto che aiutare gli altri diventa per lei uno scopo nobile.

Complice anche questa nuova consapevolezza, continua la sua personale ricerca fino a quando non decide di condividere con Alfio un'attività commerciale in cui trova la concreta possibilità di esprimere completamente sé stessa e i propri talenti nella creazione, sviluppo e *mentoring* di una rete vendita.

È dal 2012 che con enorme passione, perseveranza e determinazione, sviluppa quest'attività con grande impegno e visione.

Nel contempo, prosegue anche la sua crescita interiore: passo dopo passo costruisce la vita che ha sempre desiderato e che, ancora oggi, ambisce a realizzare sempre meglio. Questa per lei è la *ricetta* vincente: un massiccio lavoro su di sé e di ricerca seguito dal compimento di azioni concrete.

A volte tortuose e difficili da digerire, altre volte semplici e veloci da attuare, altre ancora prima confuse e poi molto chiare, ma tutte perpetrate con il solo scopo di vivere e decidere e cosa realizzare per sé stessa e la sua famiglia, rifiutandosi categoricamente di vivere nel sogno di qualcun altro.

Un cammino tutt'altro che lineare e fin da subito vissuto con la certezza e la consapevolezza di fare la cosa giusta.

Insieme alle sue amiche, Vanessa e Chiara, fonda il progetto "U-nike", spinta dalla stima per le loro professionalità e dal credere fortemente nei valori dell'azienda.

È sicura che il progetto impatterà nella vita di molte donne, le aiuterà a prendere consapevolezza di essere U-nike e farà trovar loro serenità, felicità, libertà e il proprio posto nel mondo. In che modo?

In primis, attraverso una considerevole crescita personale, prendendo consapevolezza di chi sono e cosa vorranno essere, e successivamente accompagnandole verso il raggiungimento di quei risultati e obiettivi che rappresentano la realizzazione di tutti i propri sogni di vita, dal più "piccolo" a quello più significativo.

Vanessa Ortolani.

Vanessa nasce a Pesaro da una classica famiglia di provincia composta da due genitori e due figli.

Fin da piccola manifesta l'esigenza di andare "oltre", di non amalgamarsi alle masse e di distinguersi, magari creando qualcosa di speciale nella vita. Un'indole non decifrata e concretizzata subito, tuttavia sempre perseguita.

Nel momento della scelta del tipo di università da frequentare, la sua pancia e il suo cuore puntavano verso la facoltà di Medicina.

Tuttavia, a dispetto della passione, vincono la razionalità e la ragione: sceglie una facoltà di Economia e, soprattutto, l'Università Bocconi di Milano che le avrebbe permesso di diventare autonoma nel più breve tempo possibile, nonostante il sostegno e l'aiuto della famiglia.

Mette l'indipendenza al primo posto. Si trasferisce nella grande città di Milano, da sola. A quei tempi le distanze erano percepite come "più lontane" rispetto a oggi e la facoltà era frequentata prettamente da studenti maschi.

Quel tipo di università preparava professionisti di alto livello, un'opportunità più rivolta agli uomini che alle donne: Vanessa, nonostante le prime difficoltà in tal senso, supera brillantemente tutto questo.

Inizia a lavorare e si scontra, non tanto con le fatiche e le problematiche ordinarie quotidiane, ma con i pregiudizi relativi alle donne nel mondo lavorativo; non era tutto così palese e dichiarato come nel momento attuale e rappresentava un'eccezione la donna che ricopriva cariche importanti.

Fatica doppiamente rispetto ai colleghi uomini per ottenere i riconoscimenti di merito derivanti esclusivamente da motivazioni legate alla propria professionalità e al proprio talento; lotta con la comune abitudine di volerla identificare con posizioni di segreteria piuttosto che con profili da manager aziendale.

Situazione non semplice da gestire e questo la fa diventare anche *dura* e *spigolosa* nel rapporto con gli altri, alzando diversi muri, anche con sé stessa.

Lavora molto, guadagna bene, ha compiti di responsabilità, si ritiene soddisfatta e felice, fino a quando non si rende conto che i meriti, nonostante il suo impegno, vanno quasi sempre agli altri; non è più disposta a fare compromessi incoerenti con i propri valori per raggiungere le ambizioni che ha.

In parte ha dovuto arrendersi a un'amara verità: nonostante l'impegno, la sempre più riconosciuta e dichiarata bravura, se lei fosse stata un uomo sarebbe arrivata a posizioni più "prestigiose".

In Italia, le donne al vertice, ancora oggi, soprattutto in determinati settori, sono una minoranza; nonostante il dibattito su questi argomenti sia molto acceso, ancora il percorso per la parità è lungo.

Questo per lei è difficile da accettare, così inizia un percorso profondo all'interno di sé stessa, per comprendere, tra gli altri aspetti, se realmente questa fosse la battaglia che valeva la pena combattere, perché consapevole che avrebbe comunque voluto dire delegare agli altri la propria carriera.

Nonostante il suo carattere determinato e battagliero, decide di abbandonare il campo rendendosi conto che lo sforzo non l'avrebbe mai portata lontano; questa consapevolezza ha rappresentato la base di una nuova acquisita serenità e accettazione della realtà.

Al termine di questo, a volte, doloroso percorso di consapevolezza, smette di preoccuparsi del giudizio altrui e di doversi impegnare per raggiungere la "perfezione" professionale; riesce a mettere la parola *fine* alla sofferenza per il mancato riconoscimento dei veri meriti da parte delle altre persone.

Cambia settore, passa dall'irrequietezza del campo della moda a quello, apparentemente più consolidato, assicurativo e bancario, ricoprendo ruoli che le permettono comunque di dare libero sfogo alla creatività e ai suoi talenti.

Gestisce e coordina interi team e segue grossi progetti aziendali, anche complessi. Sportiva, salutista, energetica con un sano stile di vita, entusiasta e pragmatica dirotta la sua attenzione anche sul fronte sociale.

Messe a tacere le velleità di carriera, tornano anche ad affacciarsi le sue passioni sociali e il desiderio di impegnarsi in prima linea per aiutare le persone.

Si riavvicina al mondo sanitario: oggi è impegnata anche come volontario-soccorritore in ambulanza, attività che svolge di notte.

Si ritiene fortunata sotto molti punti di vista e sente di voler dare il suo personale contributo al mondo, attraverso l'utilizzo per scopi sociali di una parte del proprio tempo libero.

Non ha figli per libera scelta e non ritiene che la realizzazione di sé come donna debba necessariamente passare per la maternità.

In U-nike è diventata socia fondatrice, oltre che una delle referenti per l'esecuzione della missione e del progetto.

Come lei spiega: "molti progetti imprenditoriali falliscono a causa di un *execution* sbagliata a monte o non efficace".

Il progetto lo sente molto suo perché può mettere a frutto le proprie competenze (lei si occupa della parte operativa, economico-finanziaria e organizzativa) per cui è pronta a impegnarsi, ma anche a divertirsi e, soprattutto, ad aiutare altre donne.

Il sogno nel cassetto è rivolto alle adolescenti! Sì, perché come sostiene e come ha avuto spesso modo di riscontrare, purtroppo, nelle sue nottate in ambulanza, le adolescenti sono dei soggetti molto fragili e a volte alla ricerca di sicurezze, senza d'altro canto possedere ancora strumenti per valutare le situazioni o i modelli sociali ai quali si ispirano.

È particolarmente coinvolta a dare questo tipo di aiuto perché, da giovane, Vanessa ha vissuto una brutta esperienza che le ha provocato forti traumi, poi superati e archiviati anche grazie al profondo percorso personale intrapreso e all'aiuto di persone chiave incontrate in tale cammino.

Tre donne, tre personalità contraddistinte, tre percorsi e stili di vita diversi, capacità complementari che a un certo punto si sono incontrate e hanno dato origine a U-nike.

U-nike è rivolto alle donne che cercano soluzioni pratiche per crescere in competenza, conoscenza e consapevolezza delle proprie capacità al fine di svilupparle ulteriormente per realizzare progetti, sogni e poter vivere la vita desiderata.

Si prefigge di risolvere problemi legati alla soddisfazione personale, all'autostima e all'autonomia che molte donne si trovano ad affrontare, ritrovandosi spesso da sole e sentendosi inadeguate rispetto alle situazioni che la vita presenta quotidianamente, alle esigenze derivanti dall'*essere donna* nell'odierno contesto sociale.

Sorellanza e complicità femminile: le due parole simbolo del progetto.

Oggi sfortunatamente troppe donne si dividono e si combattono, con invidia e risentimento. Al contrario, in U-nike si cercano l'avvicinamento e il supporto reciproco legato anche all'ispirazione derivante dalle storie raccontate nella *tribù*, che permettono di farci sentire meno sole.

Ti racconteremo alcune di queste storie. Abbiamo scelto delle persone che ci hanno ispirato e che sono state denominate *ambassador* dei valori e della missione di U-nike.

Tuttavia abbiamo voluto creare un ulteriore passo da farti fare. Difatti, nel prossimo capitolo, prima di questi magnifici racconti, troverai dieci spunti per iniziare un percorso…

Eccoli a te.

Capitolo 2:
U-nike in 10 e più passi

Un titolo, quello di questo capitolo, dalla forte promessa: diventare U-nike in 10 e più passi. È possibile? Sicuramente si può iniziare! Non che basti seguire queste indicazioni e il gioco è fatto, ma come si suol dire: ogni grande cammino comincia con il primo passo.

Esistono sensazioni ed emozioni che accomunano tutte noi e azioni che si possono intraprendere fin da subito per il proprio percorso verso la libertà.

Vediamone alcune.

Assumiti la piena responsabilità della tua vita e dei tuoi sogni.
Per *responsabilità* s'intende: "la congruenza con un impegno assunto o un comportamento, in quanto importa e sottintende l'accettazione di ogni conseguenza".

Quindi, assumiti in toto la volontà di andare verso il successo, qualunque cosa voglia dire per te. Il successo è la capacità di fare accadere le cose… con l'azione.

La vita che desideri, i sogni che hai li puoi concretizzare attraverso l'azione. Essere responsabili è essere consapevoli e muoversi verso la direzione desiderata senza aspettare che qualcosa o qualcuno lo faccia per te.

Un altro punto focale della responsabilità è attribuire dignità all'errore. Cosa significa? Comprendere il motivo per cui è stato fatto l'errore e contestualizzarlo in uno spazio e luogo della propria vita: gli errori sono *esperienze* e non fallimenti non rimediabili.

Sperimenta la femminilità.

L'energia femminile è innata in tutte le donne. Attraverso strumenti concreti e azioni potrai comprenderla e manifestarla: ascolta la tua parte più intima.

Chiediti:

- Hai mai sentito la tua energia femminile?
- Che cosa significa per te?
- Cosa fai per esprimerla?

Esci dalla razionalità e ascolta il tuo cuore.

Smettila di farti guidare dai giudizi dei pensieri altrui: persegui solo te stessa senza dover a tutti i costi razionalizzare sempre tutto. Il pensiero razionale è frutto di una serie di credenze e convinzioni che si ha dentro di sé.

Attraverso l'ascolto potrai eliminare tutte quelle convinzioni che non ti appartengono e che probabilmente derivano dai tuoi trascorsi. Solo così scoprirai cosa vuoi davvero.

In questo modo potrai conoscerti meglio e conoscere le strategie per essere coerente con il tuo cuore, la tua ragione e la situazione che stai vivendo.

"Prima di pensare a cambiare il mondo, fare le rivoluzioni, meditare nuove costituzioni, stabilire un nuovo ordine, scendete prima di tutto nel vostro cuore, fatevi regnare l'ordine, l'armonia e la pace. Soltanto dopo, cercate delle anime che vi assomigliano e passate all'azione" (Platone).

Concediti il permesso di rilassarti e di stare semplicemente senza fare nulla.

Trova alcuni momenti per te nel corso di ogni giornata. Questo serve soprattutto per imparare a prendere consapevolezza di sé stesse, ascoltarsi e sentirsi.

A furia di riempire la nostra vita con gli impegni quotidiani abbiamo perso il contatto con la parte più intima di noi stesse.

Ora, per te, è arrivato il momento di riconnetterti e capire cosa davvero vuoi essere, fare e diventare. Ciò è possibile solo stando da sola con te stessa e valorizzando il tuo equilibrio.

Trasforma la creatività in un'abitudine nella tua vita.

La creatività è la capacità di reinventarsi e avere il pensiero multiforme e d'ingegno, è la capacità di trascendere l'ordinario. È la capacità particolare del pensiero di "pensare fuori dagli schemi" per trovare soluzioni originali ai problemi.

Spesso pensiamo alla creatività come se fosse limitata alla sfera artistica, ma è un elemento necessario in tutti gli ambiti della vita. Non sottostare alla staticità: non è detto che se una cosa è così oggi lo debba essere sempre. Racconta la storia della tua vita.

"La creatività è insita nella natura umana ed è quindi alla portata di tutti. Non perché tutti siano artisti, ma perché nessuno sia schiavo" (Gianni Rodari).

Scopri, coltiva e accresci il tuo valore.
Interpreta e coltiva il tuo valore e fai emergere il tuo talento. Comunemente si pensa che il valore di una persona sia collegato ai risultati che si ottengono in un determinato ambito, per loro fondamentale.

Se così fosse, la nostra autostima dipenderebbe dai risultati, con effetti devastanti per chi questi risultati non li ottiene. Si avrebbe una schiavitù da risultato, non certo una facilitazione all'ottenimento della felicità.

Per questo non possiamo diventare ciò che non siamo, ma migliorare sì, attraverso la dedizione e il nutrimento delle azioni volte a incanalare il nostro talento nella giusta direzione.

Vivi con passione e realizzati.

Tante, troppe donne vivono una vita, una quotidianità fatta di routine. Fai quello che ti rende felice e ti dà soddisfazione; trova il tempo per nutrire le tue passioni e per vivere nuove esperienze. Rimani curiosa.

Trascorri più tempo nella natura, con gli animali e i bambini. Trascorri del tempo in silenzio. Medita.

Stare insieme ai bambini, a contatto con gli animali e la natura significa entrare in comunicazione con la parte più infantile, giocosa e primordiale della fanciullezza spensierata; lasciare da parte tutte quelle sovrastrutture tipiche degli adulti. Significa ricercare l'armonia e la propria libertà.

"La libertà non consiste tanto nel fare la propria volontà quanto nel non essere sottomessi a quella altrui" (Jean-Jacques Rousseau).

Sorriditi e ridi di più.

Inizia a familiarizzare attraverso il contatto visivo con le persone: guardale negli occhi e non abbassare lo sguardo anche se hai la tentazione di farlo. Parlati e parla di te con il sorriso.

Questo farà in modo *che l'interlocutore assuma un atteggiamento empatico.*

Sbarazzati delle persone negative.

Contornati di persone che ti sostengono, ti motivano, ti incentivano e ti amano. La complicità femminile è un'arma potentissima se utilizzata per creare alleanze, collaborazioni e amicizie.

Pratica la gratitudine costantemente.

La gratitudine è un sentimento nobile. È uno stato emotivo di alto riconoscimento e apprezzamento della vita stessa. Focalizzati non su cosa ti manca ma su quello che hai: non dare mai niente per scontato.

Prenditi cura del tuo corpo. Amati.
"Abbi buona cura del tuo corpo, è l'unico posto in cui devi vivere" (Jim Rohn).

È un atto di amore e rispetto verso sé stessi, verso il proprio corpo che è la casa dove abiterai per sempre. Rendilo sacro.

"Il vostro corpo è l'arpa dell'anima e sta a voi trarne dolce musica oppure suoni confusi" (Khalil Gibran).

E adesso, che sei pronta, buona lettura con le storie delle nostre sette *ambassador*.

Capitolo 3:
U-nike come noi

La pietra miliare su cui poggia U-nike è la *tribe*, ossia una comunità di donne che condividono il proprio trascorso, la propria storia, invogliando e ispirando le altre, attraverso le proprie esperienze.

Vogliono ispirare consapevolezza e promuovono il cambiamento semplicemente raccontando di sé, mettendo in risalto la propria brillantezza, naturalmente disordinata.

Far vivere un'esperienza stimolante, vitalizzante e di potenziamento, con l'ascolto delle voci e delle verità delle donne, è il punto focale di U-nike.

Crediamo fortemente che ci si possa sentire più informate, supportate e protette, insieme a migliaia di altre donne, per far sì che non si venga sopraffatte dalla quotidianità.

È realmente possibile lasciare andare i *must* e fare scelte consapevoli per compiere azioni potenzianti e migliorare la propria vita, anziché sognare e pianificare senza ottenere risultati.

Abbiamo selezionato sette donne, sette *ambassador*, che rappresentano perfettamente la missione di U-nike.

Le abbiamo intervistate, non solo per farci raccontare le proprie storie, affascinanti e di grande ispirazione, ma per trasmettere anche degli strumenti pratici ed efficaci che potrai già mettere in pratica chiudendo le pagine di questo libro.

Elena Callatroni, Viviana Grunert, Stefania Grossi, Elisa Marigo, Tania Gazzoli, Viviana Battan e Vesna Ilic: tutte donne U-nike che hanno raggiunto il loro successo personale e lo fanno convivere assieme alle altre aree della propria vita, trovando costantemente il loro equilibrio.

Ognuna di esse ha delineato e rappresentato il proprio significato di successo, il proprio percorso evolutivo, le sfide più importanti affrontate e la propria personale definizione di femminilità e del "sentirsi donna". Vediamole una a una.

Elena Callatroni: il sano egoismo.

Elena è imprenditrice e investitrice immobiliare. È titolare della Società Dyanema Real Estate Investments a Milano, che si occupa principalmente di *flipping*, quell'attività composta dall'acquisto, la ristrutturazione, il frazionamento e la trasformazione degli immobili per poi rivenderli a un valore più elevato.

Ci racconta che lavora molte ore al giorno, ma considerando la sua attività manageriale anche un divertimento e un piacere, non le pesa. È anche mamma di due figli, ha un compagno, cura il suo aspetto fisico e gode di ampi spazi personali: ha una vita piena e intensa con un suo equilibrio in tutte le aree.

Elena si definisce una felice cinquantenne. Ha voluto sottolineare che per arrivare a questo risultato ha fatto anche molti errori durante il proprio percorso di vita. Ci sono stati periodi in cui alcuni ruoli hanno prevalso su altri, che ne ha anche sofferto, ma oggi, al contrario, fa convivere tutte le parti di sé in modo sano e consapevole.

La leva che le ha fatto cambiare la prospettiva delle cose e talvolta, la direzione, è stata il sentirsi stanca e oppressa da quelle situazioni che, in fondo, così come venivano vissute non le andavano più bene. Con estrema onestà verso sé stessa si è messa in moto per apportare un reale cambiamento.

A volte è stato il lavoro a prevalere sulla gestione e dedizione alla famiglia e ai figli, nonché sulle sue passioni personali; altre volte tutta la sua concentrazione era rivolta ai bambini. Quando inseguiva un'area piuttosto che un'altra viveva un eccessivo senso d'insoddisfazione.

Nel momento in cui ha capito che questo cambio altalenante di focus portava con sé frustrazione, ha iniziato la sua personale evoluzione verso la ricerca del suo equilibrio.

Tale ricerca non si è rivelata veloce e immediata, ma è convinta che tutte le donne possano far convivere in modo equo l'attenzione verso la casa, il lavoro, la famiglia, sé stesse o altro che si ritiene importante, partendo dalla propria volontà di farlo, impostando le priorità in maniera diversa e dando un ordine alle attività.

Oggi si sente realizzata: vive la vita che ha sempre desiderato, complici un lavoro che va a gonfie vele e i figli diventati grandi.

Durante questa sua evoluzione non sono certo mancate alcune sfide anche all'apparenza insormontabili. La più grande affrontata ha coinciso con la sua decisione di rientrare in Italia dal Paese estero nel quale viveva.

In quel momento infatti, sentiva un profondo disequilibrio sia dal punto di vista lavorativo che familiare: non riusciva più a conciliare tutto quanto, né tanto meno a prendersi cura di sé.

In procinto di separarsi da suo marito e appesantita da una crescente nostalgia per l'Italia, dopo sette anni vissuti all'estero, decide di mettersi totalmente in gioco. Così, opta di lasciare il Paese in cui viveva e di tornare in Italia, organizzando tutto quanto in soli trenta giorni, e decidendo per un temporaneo distacco dai figli, che l'avrebbero raggiunta solo dopo qualche mese.

È stato un periodo intenso e, da lei definito devastante, ma è stata proprio quest'esperienza a farle da volano per una considerevole crescita personale che le ha permesso di giungere alla consapevolezza odierna di aver raggiunto una piena soddisfazione grazie a quello che ha costruito rientrando in Italia.

Ci racconta che, nonostante l'immane sofferenza di quel periodo, non ha rimpianti e farebbe le stesse scelte: è stata la svolta che le ha fatto identificare ciò che per lei era davvero importante.

Una volta rientrata in Italia, infatti, ha dato inizio alla sua rinascita, perseguendo tutto quanto desiderasse e i suoi valori più intimi. Come lo definisce lei, quello è stato il suo anno zero.

La scelta è stata determinata sulla presa di coscienza che quella che stava conducendo non era più per lei una vita appagante: provava malessere nel matrimonio, era insoddisfatta a livello personale e lavorativo. Ha voluto capire e identificare quale fosse la sua strada, indipendentemente dai ruoli che stava perseguendo.

In lei si è fatta sempre più forte l'esigenza di doversi sentire appagata verso sé stessa in primis, poi verso gli altri, considerando anche i suoi stessi figli: mettere in pratica un sano egoismo. Cosa significa?

Noi come donne ricopriamo molti ruoli: la mamma, l'imprenditrice, l'amica, la compagna, la sorella, la figlia e così via, ma a volte ci si dimentica un particolare, ossia quello di essere *donne*.

Considerarsi donna non significa rinchiudere sé stessa in un ruolo specifico, ma è l'essenza stessa che racchiude tutti i ruoli con equilibrio.

Per diventarlo a volte è necessario, per Elena, mettere in atto un sano egoismo, sia nei confronti di sé, ma anche verso le altre persone con cui ci si relaziona ogni giorno: i figli, il compagno, la famiglia di origine, la parentela, le amicizie, i colleghi e i collaboratori.

La troppa accondiscendenza verso gli altri non permette la propria evoluzione e conduce inevitabilmente a vivere sensazioni di malessere e frustrazione, proprio perché le azioni e le decisioni sono intraprese in funzione di quello che gli altri vogliono e non in base a quello che ci sta a cuore e che desideriamo.

Il sano egoismo è visto come un tabù e considerato come una sorta di sottrazione della felicità di chi ci sta accanto, ma la verità è esattamente l'opposto: i nostri cari diventeranno felici solo se noi stesse, in primis, saremo realmente appagate e centrate sulla nostra vita.

È una responsabilità della donna inseguire la propria pienezza, il proprio benessere e soddisfazione, perché questo gioverà a tutto il mondo che la circonda.

È una questione di scelta personale: qualsiasi essere umano, a prescindere dal genere, ha la facoltà di scelta, di rimanere in una determinata situazione o cambiarla se insoddisfacente, in qualsiasi momento della propria vita, soprattutto in età adulta. Anzi, diventa anche un dovere verso di sé!

Quindi, Elena esorta tutte le donne che stanno leggendo questo libro a scoprire quello che desiderano davvero nel profondo e di perseguirlo, anche mettendo in campo il sano egoismo, senza sentirsi giudicate per questo.

Donna si diventa con l'esperienza. Si nasce bambina, si passa dall'essere ragazza, per arrivare a sentirsi complete, senza alcuna scusante e nel pieno della propria responsabilità.

Il concetto di femminilità per Elena non è qualcosa che si può definire a parole: è un modo di essere e di pensare, non è un qualcosa di concreto come ci viene bombardato dai mass media e dai marketer.

Non appartiene alle sole donne: ad esempio, gli atteggiamenti di dolcezza e gentilezza tipicamente femminili possono appartenere anche agli uomini. Si può essere femminili e dure allo stesso tempo, così come maschili e dolci.

La femminilità non si può incasellare: è uno stile di vita, è un atteggiamento, un comportamento e un modo di fare verso il mondo e verso sé stesse.

Andando nel concreto, Elena ci ha voluto trasmettere un paio di strumenti pratici, prima di volgere verso la conclusione della sua storia di vita vissuta. Quando si ha un bisogno, un desiderio, un sogno o un grande obiettivo ci consiglia di:

1. scriverlo
2. trasformarlo in azione.

Premette che trucchi magici per realizzare le cose e i sogni o per cambiare le situazioni non ce ne sono. Tuttavia, la scrittura aiuta a fare un punto della situazione di ciò che si ha in testa e che si vive emotivamente, per fare chiarezza.

L'azione, a seguire, è utile a concretizzare e fare in modo che il sogno non resti fine a sé stesso, inconcluso nel cassetto.

Inoltre, vuole precisare che durante tale processo si incorrerà in errori inevitabili. Tuttavia solo rappresentando dove si vuole andare con il supporto della scrittura e mettendo in pratica delle azioni si crea la vita che si desidera.

Bisogna necessariamente superare la paura del fallimento e del giudizio altrui, andando oltre, altrimenti si rischia di rimanere bloccati nello *status quo*.

Il messaggio principale di Elena è quello di decidere, agire e mettere in pratica, senza paura, accettando anche le eventuali cadute: ogni giorno!

Considerando che una parte di lettrici di questo libro sono anche mamme, Elena desidera dare un messaggio anche a loro, in particolare rivolto ai propri figli: non focalizzarsi nell'insegnare loro i concetti di femminilità o di mascolinità e di contrapposizione tra i due, ma piuttosto nel renderli autonomi, a prescindere dal genere; di avere sempre un profondo rispetto verso il prossimo e un grande spirito critico verso sé stessi e indipendenza dal giudizio o dalla volontà altrui.

È fin da piccoli che i bambini si possono educare a determinati valori: riuscire a mettere in discussione non solo quello che dicono gli altri ma soprattutto sé stessi è un ottimo modo per diventare degli adulti consapevoli.

E la consapevolezza è la strada verso i risultati, che si raggiungono prevalentemente quando si è disposti a mettersi in gioco fino in fondo.

Elena ci ringrazia, salutandoci con questa frase: "se anche solo una donna beneficerà di quanto ho trasferito, abbiamo fatto, tutte insieme, un ottimo lavoro! Grazie e a presto!".

Viviana Grunert: l'importanza delle stagioni.

Viviana si definisce romantica e sognatrice, una donna sicuramente forte e decisa, con le radici saldamente ancorate al terreno e la chioma che si protende tra le nuvole, in cerca di ispirazioni sempre nuove. La creatività e l'organizzazione sono tra le sue caratteristiche degne di vanto.

A quarantacinque anni ciò che le rende così facile conciliare lavoro, vita privata e sociale è sicuramente il suo essere poliedrica: ama ogni ruolo che ricopre perché ciascuno è nato da una scelta ponderata e consapevole. Dal suo essere mamma e moglie, all'essere imprenditrice *cofounder* della Bruno Editore, al suo ruolo di *interior designer* e *home stylist.*

Il suo lavoro è infatti stato adattato, trasformato e si è evoluto in base alle sue esigenze e priorità, cambiate spesso nel corso della sua vita: ha fatto in modo che i suoi impegni fossero impostati sui propri valori, e non viceversa.

Di recente ha aggiunto un altro ruolo ai preesistenti, la coronazione di un grande sogno: direttrice capo del suo nuovo magazine "Vivi a Fiori".

In seguito alla decisione di creare una rivista, avvenuta a metà gennaio 2021, ha impiegato sì e no un mese e mezzo a creare il suo salotto floreale di pagine, e il primo di marzo era già pronta, in formato digitale e cartaceo.

Per raccontare al meglio come è arrivata a questa serie di successi personali, di seguito ti racconteremo la sua storia cronologicamente.

Viviana è nata e cresciuta in Sicilia, luogo che ha contribuito a rendere salde quelle radici di cui parlavamo poco fa e che l'ha arricchita sotto l'aspetto dei principi morali e delle tradizioni.

A tredici anni ha scelto autonomamente di andare a vivere in collegio a Roma. Questo ha permesso di aggiungere alla sua personalità "principesca", di figlia unica molto coccolata dalla famiglia, un rigore e una capacità organizzativa fuori dal comune.

Tutt'oggi dà quest'impressione a chi la conosce: una principessa dei giorni nostri, umile, indipendente e dalla forte personalità.

Gli anni del liceo li ha trascorsi a Firenze e a Roma, ma poi è tornata in quella che ha considerato per anni la *sua* città: Roma, dove ha intrapreso gli studi per diventare *interior designer* e dove ha iniziato a lavorare a ventitré anni.

A ventisette anni incontra Giacomo e scoprono di avere in comune la passione per la formazione. Nato l'amore, decidono quindi di fondare la Bruno Editore, importando nel nostro Paese un nuovo modello di editoria: interamente digitale.

Sono stati infatti i primi ad aver veicolato gli ebook in Italia. Qualche anno più tardi si sposano e hanno una bambina di nome Luna.

La gravidanza, un po' perché tanto attesa, un po' per altre complicazioni, è sicuramente annoverata tra le sfide superate con grande successo da questa donna fortissima. Da quel momento, da donna impegnata a 360° solo sul lavoro, Viviana ha deciso che il suo ruolo di madre sarebbe dovuto diventare prioritario.

Ha quindi rivoluzionato le dinamiche aziendali, dato che il personale era seguito da lei, in modo che potesse lavorare già dal 2010 in *smart working* e gestire tutto tramite Skype e andando in ufficio poche ore al giorno, solo se e quando necessario.

In questo modo è riuscita a perseguire e ottenere il suo equilibrio personale, tra lavoro e vita privata, appagando sia la sua ambizione di donna affermata sia uno dei suoi principali valori: la famiglia.

Non si può dire che Viviana abbia scelto la via più semplice e battuta: undici anni fa il concetto di *smart working* non era come quello odierno; la rivista “Millionaire” l’ha infatti intervistata, curiosa di scoprire come riuscisse ad essere tanto *multitasking* in quanto manager, madre, moglie.

La sua risposta? “L’organizzazione e la flessibilità sono alla base delle mie giornate, con l’organizzazione ho il mio tempo scandito e grazie alla flessibilità riesco ad essere lucida anche quando ho degli imprevisti”.

È così che è riuscita a riprendere dopo qualche anno, e soprattutto a far evolvere, il suo sogno di essere *interior designer*. Ha deciso infatti di allargarne il concetto, coniando un termine innovativo e che le calzasse di più: *home stylist*.

Questa nuova figura rispecchia pienamente la sua veste lavorativa, proprio perché quando riassesta un’abitazione si sente come una stilista, che con grazia e perspicacia “cuce” la casa su misura per i futuri abitanti in ogni suo dettaglio, anche il più piccolo.

Ha lavorato quindi sul lancio di questo nuovo ruolo: ha aperto un blog e sui social ha riscontrato molto seguito. Neanche sei mesi dopo, il Tg4 le ha dedicato l'apertura di un telegiornale, ponendo al centro dell'intervista proprio il nuovo ruolo professionale di *home stylist* che era riuscita a creare.

Anche Viviana ha una sua idea precisa di cosa voglia dire essere donna. Secondo lei essere donna significa avere equilibrio, forza e coraggio di costruirsi giorno per giorno, la volontà piena e ferma di perseguire i propri obiettivi e realizzare il proprio microcosmo un passo alla volta.

Bisogna saper dire di no, sempre munite di gentilezza e un bel sorriso, quando non si hanno energie sufficienti. Per fare ciò si deve essere capaci di ascoltarsi e se necessario fermarsi, basta essere sé stesse e soprattutto cercare di non snaturarsi mai.

"Nessuno ci ha insegnato che possiamo essere qualunque cosa noi desideriamo, eppure lo facciamo lo stesso, coronando i nostri sogni!".

Conoscersi è il primo passo: darsi delle priorità e stare in equilibrio diventa possibile, qualora si ha chiarezza dentro sé stesse e si persegue quello che ci fa stare bene. Questo di conseguenza agevola e crea un ambiente familiare, relazionale o lavorativo positivo e propositivo.

Viviana, come le altre donne che hanno lasciato la propria testimonianza, ci ha voluto donare qualche strumento concreto da mettere fin da subito in pratica.

Il suo modo di essere e di vivere riprende molto le stagioni di Jim Rohn. Le stagioni infatti si susseguono ogni anno, a prescindere da noi, dalla nostra volontà. Non c'è nulla che possiamo fare per cambiare il loro corso, ma possiamo agire invece nel cambiare il nostro approccio al loro arrivo.

Allo stesso modo nella nostra vita ci saranno sempre momenti in cui sprizzeremo energia, ci guarderemo intorno in cerca di nuove ispirazioni e ci lanceremo in imprese riuscendo con successo. Come anche ci saranno momenti in cui saremo calmi, fermi, in cui non sentiremo il bisogno o l'energia di trovare nuovi spunti e perseguire nuove idee.

Il segreto anche qui sta nel nostro essere pronte ad accogliere tutti questi momenti con il giusto atteggiamento e anzi intuirne l'avvento preventivamente.

Così daremo il massimo quando saremo al pieno delle nostre forze e sapremo sfruttare quei momenti di fermo apparente per riflettere su cosa possiamo fare e come, in modo da ripartire con basi solide verso una nuova primavera della nostra vita.

L'unico modo per eseguire una scelta ponderata e realistica è infatti la pazienza, il saper aspettare il momento giusto e, se non arriva, essere in grado di crearlo.

Il focus è essenziale. Quando si decide di percorrere una strada i pro e i contro devono essere già stati valutati e, se si decide di partire, allora lo si fa a testa bassa, senza distrazioni, con il grande obiettivo davanti a noi, schedulato in una serie di obiettivi minori da raggiungere, prima di arrivare a quello che ci siamo prefissati.

Viviana riconosce che non è semplice prendere decisioni a mente lucida se si è appesantite dai pensieri quotidiani, invita perciò a farlo in momenti di relax: in un weekend fuori porta, in una vacanza più lunga o semplicemente durante una passeggiata in un parco soleggiato.

In questo spazio dedicato a sé stesse è però necessario scollegare la mente da tutto e da tutti, ci siamo solo noi e ciò che desideriamo realmente.

Quello dedicato a sé è un tempo che deve essere sempre presente, al fine di ricaricare le energie e ritrovarsi. Come? Viviana è la prova vivente che trovare un equilibrio tra tutte le aree della propria vita non è sempre semplice ma è possibile, e il segreto è proprio che non deve essere stabile, anzi: più si riesce a renderlo mutevole rispetto al momento che si sta vivendo e più sarà resistente.

Essere organizzate permetterà di avere sempre un tempo ben gestito, ma essere reattive aprirà le porte a piani B che sarebbe impossibile notare se ci lasciassimo fagocitare dai programmi da noi stesse creati.

Trovare a tutti i costi dei momenti per noi diventa quindi un'ottima base anche per allenare la nostra capacità di riadattamento.

Stefania Grossi: da manager di banca a titolare di boutique a Forte dei Marmi. Mai dire mai!

Stefania ha cinquantadue anni, è laureata in Economia e commercio, è sposata ed è mamma di una bimba di nove anni. Ha una boutique a Forte dei Marmi con sua sorella Michela.

Si occupa personalmente della gestione, della cura del negozio e della realizzazione, a livello stilistico, dei capi. Gli abiti e gli accessori che vende sono tutti pezzi unici realizzati e creati artigianalmente a mano, "Made in Italy", curati nei minimi dettagli.

Il target è prettamente femminile, ma il negozio è frequentato anche dagli uomini che si rivolgono a lei per acquistare regali per le amiche, mogli e compagne: è rinomato per l'esclusività e l'unicità dei pezzi.

Ad esempio, anche le confezioni sono curate in ogni dettaglio: vengono guarnite da profumo, fiori e fiocchi che coinvolgono tutti i sensi, toccando più parti emozionali e non soffermandosi al solo prodotto.

Per arrivare ad avere un negozio noto e frequentato anche da personaggi famosi il percorso è stato lungo e non sempre facile; anzi a volte Stefania ha dovuto prendere anche decisioni coraggiose e contro intuitive.

Ecco la sua storia. Stefania arriva da una formazione scientifica ed economica, ben lontana da quella creativa.

Passione e fantasia hanno sempre caratterizzato le sue scelte ma non sapeva né come incanalare questi suoi talenti né come realizzare qualcosa di solo suo.

Da sempre attratta dalle cose belle e ricercate, frequenta prestigiose boutique come cliente, ritagliandosi molto tempo per fare shopping con le amiche e ammirando le vetrine di tutto il mondo.

Dopo la laurea accetta un lavoro in banca perché quello era il modo più immediato per diventare indipendente; quell'ambiente, tuttavia, non le piace e non la fa sentire per niente appagata.

Venticinque anni fa un posto in banca, soprattutto per una donna, rappresentava un'importante fonte di sicurezza: era un'ambizione di molte, ma non per lei.

Così decide, con estrema audacia, di dare le dimissioni. Il direttore della banca, gli amici e i parenti inizialmente rimangono letteralmente sconvolti: aveva una laurea con votazione finale di 110 e voleva abbandonare un lavoro a tempo indeterminato e sicuro? Proprio così...

Intraprende una strada tortuosa e per certi versi ignota: compie numerose rinunce ma ciò l'accompagna dritto dritto al perseguimento del suo sogno.

Contro tutto e tutti sceglie sé stessa. In quel periodo sua sorella si laurea in Lingue e, dopo numerosi viaggi per il mondo, insieme decidono di aprire la loro boutique.

In pochissimo tempo il loro negozio diventa il punto di riferimento di Forte dei Marmi; il segreto è stato creare qualcosa di diverso rispetto agli altri store: andare controtendenza, usare il colore rosa con abbinamenti audaci.

Le loro vetrine spiccavano in mezzo a quelle adiacenti, molto più sobrie, di grandi marchi, quali Louis Vuitton e Brunello Cucinelli, discostandosene enormemente: le due sorelle volevano ricreare un ambiente divertente per le donne, per vivere con loro attimi gioiosi, piacevoli e un po'… spiritosi!

Oltre al colore di spicco, il rosa, all'abbigliamento unico e ricercato, un altro punto focale su cui hanno fondato la boutique è stato quello di far sentire accolte tutte le donne, permettere loro di entrare in negozio senza farle sentire obbligate a comprare a tutti i costi, per rendere quell'esperienza unica e indimenticabile.

Dopo tre anni riescono ad aprire altri tre negozi tra i quali uno di arredamento: pezzi prettamente marini, fatti a mano che sono persino arrivati nella case e nelle ville più belle di Forte dei Marmi.

Tuttavia, nonostante l'enorme successo, decidono di chiuderli con estremo dispiacere, soprattutto delle clienti, perché si rendono conto di essere ancora una volta entrate in un circolo vizioso, fatto di solo lavoro.

Il suo marchio, Kose Rose, registrato, rappresenta ormai una linea di abbigliamento che vende anche in altri punti vendita.

Collabora con aziende note del settore della moda, partecipa a fiere importanti e diventa ospite alle sfilate durante la Settimana della Moda di Milano, Parigi e Londra.

A trentotto anni Stefania sente l'esigenza di diventare mamma: "non si può solo lavorare nella vita: bisogna anche seguire altri sogni!"

Alissa non arriva subito né facilmente. Fare la mamma è stata una sua scelta, anche se, come ci racconta: "ho lavorato fino al giorno prima di partorire e dopo cinque giorni ero già in negozio, perché la boutique continua ad essere la mia passione e amore: il luogo in cui concentro tante energie".

Ognuna di noi deve fare quello che sente: il successo è dato dalla realizzazione di ciò che è importante per ciascuna, a prescindere da quanto si riesce a realizzare in termini materiali ed economici.

Stefania, con la sua storia, invita tutte le donne che leggono questo libro ad ascoltare e a seguire il proprio istinto purché le porti a essere felici e soddisfatte, anche a costo di andare contro il pregiudizio comune e i giudizi altrui.

Per arrivare al suo successo, Stefania ha dovuto affrontare cadute, fallimenti e periodi bui, che, tuttavia, ritiene siano stati istruttivi.

Kose Rose si posiziona in una nicchia di mercato molto particolare e ricercata che di per sé rappresenta un fattore positivo, nonostante la zona e il tipo di clientela a cui si rivolge non permettano di sbagliare; ogni piccolo errore viene molto amplificato rispetto ad altre realtà.

Nel 2008 la crisi economica ha portato alla riduzione drastica della clientela; per i due anni successivi, Stefania e sua sorella sono riuscite a coprire i costi fissi e a reinvestire parte del piccolo stipendio nell'azienda stessa per frequentare corsi di formazione e avvicinarsi al mondo delle vendite online.

La loro forza è stata la lucidità, lo spirito di sacrificio e la consapevolezza di doversi focalizzare sulle soluzioni piuttosto che sui problemi.

La storia di Stefania incoraggia le donne U-nike a non mollare mai, ad avere un atteggiamento proattivo e a non abbattersi di fronte alle difficoltà: "decidi il meglio per te stessa e vivi con la consapevolezza di averci provato piuttosto che avere rimpianti!".

Cercare di essere felici in tutte le aree della propria vita, guardarsi dentro e fare solo ciò che ci fa stare bene, lasciandosi guidare dal proprio istinto; ascoltarsi, non farsi condizionare per quanto possibile, andare a testa alta e sorridere sempre (anche a chi non ci vuol bene!), mai voltarsi indietro e considerare gli errori come qualcosa che ci sono serviti a crescere, sono ormai i pilastri alla base delle scelte di Stefania.

Stefania chiude la sua testimonianza raccontandoci cosa significa per lei femminilità.

Ogni donna ha in sé qualcosa di femminile, una caratteristica che la rende tale: uno sguardo, un dettaglio, un particolare che la caratterizza, come un movimento delle mani o dei modi di fare o parlare, la maniera di camminare o di osservare.

Tali caratteristiche possono essere fatte brillare maggiormente dall'uso di abiti e accessori particolari: una borsa, una collana, degli orecchini, un rossetto, uno smalto, delle scarpe che sottolineano le peculiarità e le caratteristiche di ognuna.

Tutte le donne dovrebbero ricercare la propria femminilità e coltivarla al meglio… sempre e solo per sé stesse!

Elisa Marigo: "Essere felici è semplicemente un metodo".

Elisa ha quarantacinque anni ed è una libera professionista. Si occupa di formazione, oltre che di coaching individuale. I suoi punti di forza sono la gestione del cambiamento, l'apprendimento, le mappe mentali e le tecniche di memoria.

In questi ultimi mesi ricopre l'incarico di gestire il customer care di Matteo Salvo: questo le offre la possibilità, mettendosi in discussione, di ascoltare e comprendere il punto di vista altrui.

Elisa ha una missione che porta nel cuore: accompagnare tutte le donne, che davvero lo vogliono, a cogliere l'opportunità e la possibilità di essere felici. Indipendentemente da ciò che si desidera raggiungere, l'importante è fare il primo passo e seguire una strategia.

La vita può essere equiparata a un gioco di carte: ci può arrivare una mano di carte che non ci piace e complicata da gestire ma si ha comunque la facoltà di scelta e soprattutto la responsabilità di decidere come reagire e quali altre carte giocare.

Ogni percorso di vita deve affrontare le sue difficoltà, tuttavia con la consapevolezza si può cambiare la propria strada.

Per questo motivo non esiste un percorso univoco o lineare per giungere alla felicità: fare una fotografia della propria vita è un ottimo strumento per vedere dove si è e dove si vuole andare, mettendo a fuoco anche gli ostacoli, le cadute e i passi fatti in precedenza.

La realizzazione personale di Elisa è arrivata solo nel momento in cui si è fermata e si è ascoltata: tutto è entrato in un flusso magico, fatto di coincidenze e di porte che si sono aperte al momento giusto, ma possibile solo dopo aver iniziato ad agire partendo da sé stessa. La realtà esterna attorno a lei si è allineata.

Nel 1993, in seguito alla partecipazione a un corso di metodologie di studio, comprende quanto il metodo fosse importante per lo studio e realizza che a scuola ci trasmettono solo i contenuti ma nessuno ci insegna come fare per impararli.

Da subito si appassiona all'argomento formandosi per diversi anni; diventa per lei importante da condividere e pensa che nessuno dovrebbe rinunciare ai propri sogni a causa della mancanza di un sistema efficace di apprendimento.

Inizia a erogare i primi corsi a soli vent'anni, come trainer in aula e in tutoring privato seguendo gli allievi.

In seguito, per qualche anno, la vita la porta a mettere i propri sogni nel cassetto; cambia più volte lavoro, nonché settore e mansioni: non vedeva di fronte a sé altre strade e, per di più, era convinta che non potesse mantenersi economicamente facendo quello che amava.

Una convinzione che le ha impedito per anni di dedicarsi alla sua più grande passione: aiutare gli altri tramite la formazione.

Per vent'anni ha lavorato in un ufficio in ambito amministrativo e delle risorse umane, trasferendosi dal Veneto a Milano e ottenendo un reddito molto gratificante.

Ma il suo sogno continuava a bussare. Il senso di frustrazione e tristezza era sempre più incalzante perché si rendeva conto che non stava realizzando quello che voleva, ciò per cui si sentiva nata.

Tra il 2012 e il 2013, sua madre era sottoposta a chemioterapia senza risultati; nello stesso periodo lavorava dodici ore al giorno senza la minima soddisfazione e non riusciva a chiudere una rapporto sentimentale senza futuro. Si ritrovava, spesso, senza alcun motivo apparente, a piangere: era infelice e non sorrideva più.

Si aggiunge in conseguenza a tutto ciò un importante aumento di peso, di circa venti chili, a causa di un'alimentazione piena di carboidrati e zuccheri: usava il cibo come anestetico per non sentire e placare la sofferenza.

Un giorno, il 12 febbraio 2013, guardandosi allo specchio sfinita, e, osservandosi bene, realizza: "ma questa non sono più io, mi manca la gioia di vivere! Non posso pensare che la mia vita sia finita qui e fare fino alla pensione un lavoro che non mi realizza!".

Con la consapevolezza di non avere la bacchetta magica per trasformare tutti gli aspetti negativi della sua vita in successi in poco tempo, si aggrappa all'unica certezza che le rimaneva: fare un primo passo per uscire da quella situazione, con coraggio.

Inizia a fare ricerche su internet, si avvicina a nuovi mezzi di comunicazione come i webinar e i video su YouTube in cui si parla di formazione e crescita personale e la sua passione, quella che aveva dal 1993, ritorna fortemente.

Non aveva ancora tutte le risposte chiare e definite, ma arriva la spinta per tornare a studiare: si avvicina al mondo della programmazione neurolinguistica, della neuro semantica, della comunicazione, e altri, conseguendo diversi master.

Pian piano alcune porte iniziano ad aprirsi. Nel 2015 ottiene un lavoro che la impegna solo sei ore al giorno, potendo così lasciare l'occupazione full time dell'epoca, quello delle dodici ore e, liberando parte della giornata lavorativa, mette le basi per la costruzione della sua libertà professionale e del suo cambiamento di vita.

I grandi cambiamenti non avvengono in tempi veloci, così decide di focalizzarsi sui successi, seppur piccoli, che le si stavano manifestando: il mondo attorno a lei si stava allineando alla sua decisione di voler cambiare le cose.

Svolgeva con dedizione e con il sorriso il suo lavoro perché sapeva che rappresentava il suo trampolino di lancio; contemporaneamente continuava a frequentare corsi di formazione e coltivava la sua passione per la crescita personale.

Sentiva un'energia meravigliosa per la svolta e la sua rinascita. Questo le ha permesso di accettare la perdita di sua mamma avvenuta a fine 2013 con lo stesso amore incondizionato che lei stessa le aveva donato e insegnato.

Continua sulla propria strada, accorgendosi a un certo punto di essere bloccata "nella stessa posizione" e, in quel momento, prende un'altra decisione: farsi aiutare da una sua collega coach, mettendo da parte il proprio orgoglio.

Si rende conto che nonostante conoscesse tutte le strategie, non poteva avere la presunzione di essere in grado di applicarle su sé stessa e di “guarire” in autonomia.

Il lavoro part time era sempre ben remunerato, ma era una trappola che alimentava la sua vecchia convinzione di non poter generare reddito facendo un lavoro basato sulle proprie passioni.

Allo stesso tempo succedono due episodi che la spingono definitivamente a rassegnare le dimissioni: alcune sue colleghe dello stesso ufficio, che reputava amiche, si sono rivelate false e meschine.

In secondo luogo, in seguito alla sua richiesta di poter lavorare in *smart working* due giorni al mese, per poter andare a trovare la famiglia – richiesta che dalla responsabile locale dell’azienda viene percepita come un affronto personale – inizia un atteggiamento di mobbing nei suoi confronti.

A quel punto si imponeva una scelta. La domanda che l’ha aiutata a prendere la decisione finale è stata: “qual è la cosa peggiore che mi può succedere?”.

La risposta è stata illuminante per Elisa: "finisco i soldi, non posso fare come unico lavoro la formatrice e la coach, al massimo torno a fare l'impiegata, tanto lo so fare!".

Circoscrivere e ridimensionare il problema le fa trovare la forza di essere più grande del problema stesso e di trovare la motivazione definitiva: la spaventava di più il non sapere piuttosto che le conseguenze pratiche.

Prende la sua decisione: il lavoro dei suoi sogni finalmente è alla sua portata e come per magia… tutto succede. I venti chili in eccesso volano via, ritrova armonia con il suo corpo e arriva l'amore vero!

Elisa invita tutte le donne che si trovano di fronte a eventi spiacevoli a fermarsi e a riflettere, nonostante il dolore per la situazione contingente e le emozioni negative.

Le invita a farsi domande di qualità. Che opportunità posso intravedere dietro a quello che mi sta capitando? Cosa c'è qui per me da imparare, quando si presenta un ostacolo? C'è qualcosa di nascosto che ora non riesco a vedere?

Nulla succede per caso e, a volte, dietro grandi difficoltà, si celano dei doni e delle opportunità che non avremmo visto se non ci fossimo fermate a osservarle.

Elisa si è innamorata di sé e si sente felice: ha capito che la relazione con sé stessa è la più importante in assoluto.

La condivisione nella coppia amplifica questi sentimenti e, di certo, in due la vita diventa più emozionante e preziosa, ma lei ha trovato la forza di ripartire da sola e di bastare a sé stessa. Solo successivamente, l'amore per un'altra persona è poi arrivato, dopo questa sua consapevolezza.

Il cambiamento è alla portata di tutte: il segreto è non darsi mai per vinte e non farsi bloccare dalle avversità. Perseguire i propri sogni mettendoci sempre curiosità è l'arma vincente.

Il coraggio è quello di iniziare a fare qualcosa anche quando crediamo che questo sia imperfetto, altrimenti si rischia di rimanere cristallizzate e bloccate, senza mai evolvere. Meglio lanciarsi e perfezionare il cammino strada facendo, migliorarsi e correggere piuttosto che attendere che la vita scorra.

L'equilibrio perfetto non esiste e ogni giorno si rinasce: non conta quante volte cadiamo perché è proprio questo a darci l'opportunità di crescita.

L'importante è alzarsi una volta in più. Inoltre, a ogni caduta il rialzarsi diventa poi sempre più veloce: è come un allenamento che ci fa imparare ogni volta qualcosa di nuovo.

Non è necessario diventare un'autorità in materia per condividere con le altre persone il nostro sapere e la nostra esperienza, perché non si finisce mai d'imparare e un'informazione, anche piccola, può essere preziosa e speciale per gli altri.

Condividere quello che già sappiamo potrebbe accendere in loro alcune lampadine e, perché no, salvargli la vita.

Siamo noi nel nostro piccolo, con le nostre storie, che possiamo contaminarci l'un l'altra e permetterci a vicenda di crescere.

Un altro aspetto importante da coltivare è la gratitudine: quotidianamente è sufficiente trovare 3/5 minuti per stare in silenzio e chiedersi per cosa si è grate. Bloccarlo e scriverlo su un foglietto oppure farlo mentalmente. Ma prendersi questo tempo.

Attraverso la gratitudine si impara a osservare i piccoli, grandi doni che ogni giorno ci fa la vita.

Potrebbe succedere che chi legge stia passando un momento buio e non riesca a scorgere una via d'uscita. Basta un piccolo gesto come affacciarsi alla finestra e osservare il sole, un bambino, un albero o respirare; rendersi davvero conto che si ha un tetto sulla testa, la salute.

Partendo dalle cose che si reputano "scontate" si inizia a scorgere che tutto attorno brilla. Più si osserva più si è grati, e più si è grati più arrivano spunti ed emozioni per esserlo.

Per aumentare questo stato di benessere sarebbe ideale trovare una giornata a settimana o al mese in cui prendersi un appuntamento con sé stesse per fare ciò che ci fa stare bene e che ci piace; per me andare alle terme, una passeggiata o al cinema.

Lo scopo è quello di fermarsi e riflettere. Se non è possibile ritagliarsi una giornata, basta un'ora per fare il punto della situazione. Se non si può un'ora, allora quindici minuti.

L'importante è avere la costanza di fare il meglio che si può con quello che si ha a disposizione, e di sapere che le piccole azioni costanti portano a grandi risultati.

Non ci si può ritagliare un'uscita? Allora si può cercare un'attività che abbia potere rigenerante per sé stesse e che ricarichi l'energia. C'è sempre una soluzione!

In questi momenti ci sono tre domande che possono aiutare qualunque donna:
– Chi vogliamo essere davvero?
– Cosa vogliamo smettere di fare? Dalle piccole abitudini a quelle più grandi.

– Che cosa vogliamo cominciare a fare di diverso che non abbiamo mai fatto?

Con la consapevolezza che non sarà possibile farlo dall'oggi al domani, diventa importante almeno pensarci e focalizzarsi.

"Nulla accade se nulla fai!". Permettiti di sognare e non porti alcun limite: pensa solo che sia possibile e, ai primi passi, come per magia, appariranno nuove opportunità.

Inoltre, se hai un sogno, fai attenzione con chi lo condividi perché non tutte le persone attorno a te sono pronte per ascoltarlo e sostenerti ma, al contrario, potrebbero sabotarti.

Non permettere a nessuno d'interferire, almeno fino a quando non avrai messo in atto i primi passi in maniera sistematica: proteggilo con tutta te stessa!

"Vietato calpestare i sogni!"

Infine abbiamo chiesto a Elisa che cosa significhi per lei la femminilità e l'essere donna.

La parola femminilità fino a un certo punto della sua vita non è mai esistita: la vedeva nelle altre donne, ma non l'ha mai rispecchiata in sé.

Elisa ritrova e sente sbocciare la sua femminilità quando inizia ad amarsi e ad accettarsi così com'era, attorno ai trentacinque anni.

Per lei femminilità è bellezza, ma non perfezione; mettersi uno smalto, un rossetto; regalarsi una piega dal parrucchiere o un massaggio; uscire con un'amica o semplicemente godersi un panorama o un tramonto; scegliere un paio di orecchini o una camicetta del colore preferito; tanti piccoli gesti per curarsi e prendersi cura di sé stesse.

Prima di tale consapevolezza provava un'invidia sottile al confronto con donne che invece, in apparenza, avevano il controllo di sé; una tristezza che non le faceva apprezzare il suo essere donna, facendo paragoni con stereotipi inutili e controproducenti.

Ha realizzato, in seguito, che non era il numero sulla bilancia o la forma degli addominali che rende le donne femminili, ma l'accettazione del proprio essere.

Il cibo per tanti anni, per Elisa, è stato lo sfogo per compensare il suo malessere; da quando ha iniziato ad amarsi anche il rapporto con l'alimentazione è diventato più salutare.

Essere donna invece è energia, è amare sé stesse completamente e incondizionatamente; è sorellanza e complicità femminile: un valore inestimabile dall'enorme potenzialità.

In definitiva è fare emergere i nostri diamanti interiori e donarli agli altri, anche tutte assieme! Perché no?!

Tania Gazzoli: "Donne che corrono coi lupi!".

Tania è mamma di tre figli adolescenti maschi, divorziata, ha da sempre lavorato come avvocato d'affari, seguendo imprenditori, uomini e donne di business.

Grazie all'incontro con Alfio Bardolla diventa anche

imprenditrice nel campo del fitness: oggi ha due palestre, una delle quali è rivolta esclusivamente alle donne, con lo scopo di accompagnarle attraverso un percorso di crescita a 360 gradi, non solo dal punto di vista fisico.

Qualche anno fa, in seguito alla necessità di liberare del tempo dalla sua professione principale per seguire uno dei figli con problemi di salute, coglie un'occasione che le viene offerta, e apre le palestre.

Investe molto, anche in termini di energie personali, e raggiunge il successo. Sportiva e salutista è convinta che alla base del benessere fisico ed emotivo di ciascuno ci siano lo sport e l'alimentazione, oltre che naturalmente l'ambiente relazionale di riferimento che deve essere composto dalle persone giuste.

Una delle caratteristiche che le donne devono avere, secondo Tania, è la capacità di adeguarsi e modellarsi rispetto agli eventi.

Durante il suo percorso non tutto è andato come avrebbe voluto: le difficoltà e le interferenze fanno parte della vita e non è possibile controllarle; ciò che è possibile controllare, invece, è la decisione relativa alla scelta di come voler reagire a esse, mettendoci anche molta umiltà e concretezza.

Il suo spirito agonistico, per cui si sente molto grata nella vita, le ha insegnato a gestire le sconfitte, parte integrante della crescita di ciascuna: analizza, sta male e soffre, si prende del tempo per metabolizzare, ma quando è pronta, volta pagina e va avanti.

"Perdere fa parte del gareggiare! Se non perdi, non vinci mai!". È grazie alle cadute che si diventa più fluide, s'impara ad amare maggiormente sé stesse, a rimettersi tra le priorità, nonché a lasciare andare sia le situazioni sia le persone negative.

Potrebbe capitare di accorgersi e comprendere, proprio nel momento in cui si osservano le situazioni, che non le si vuole a tutti i costi e che quell'obiettivo o quella persona rappresentavano un traguardo che nemmeno interessa più, perché nel frattempo qualcos'altro si è affacciato nel nostro cammino.

Tutto ciò diventa possibile nel momento in cui ci si impegna in una crescita interiore, facendo spazio al nuovo ed eliminando quanto non più necessario, con consapevolezza e onestà verso sé stesse.

Nel momento presente siamo tutti frutto delle nostre esperienze passate e dei nostri errori, quindi ben vengano questi ultimi!

L'approccio femminile alla ricerca dell'equilibrio si fonda sulla realtà di ognuno rivista attraverso gli occhi dell'esperienza, sul mettersi in gioco e sulla definizione del proprio elemento differenziante.

Un percorso tutt'altro che sterile basato sulla bellezza esteriore o sulla vana speculazione, bensì qualcosa che ci rende speciali e uniche.

Una volta giunti al traguardo, tutto diventa straordinario e nessuno potrà farci allontanare da quel cammino, che ha attraversato anche la sofferenza, in quanto rappresenta lo stato finale di un processo che ci ha plasmato e ci ha trasformato, anche se con qualche inevitabile cicatrice a ricordarci alcuni momenti di crescita importante e interiore.

Tania sposa in pieno il progetto di U-nike perché crede fortemente nella solidarietà e nelle alleanze femminili, intese come un patto non scritto in cui ci si aiuta in maniera profonda e in modo intelligente invece di farsi la guerra, come fanno le altre donne lì fuori.

Donne che si mettono al servizio di altre – che hanno già vissuto le esperienze in quel campo e che permettono di risparmiare tempo, risorse, "mal di pancia", sofferenza – e a disposizione a livello umano, questo è per lei straordinario.

L'esperienza personale più dolorosa, che ha cambiato il percorso di vita di Tania tracciato fino a quel momento, coincide con la crisi del suo matrimonio da cui sono nati tre meravigliosi figli, esperienza che – allora – l'ha lasciata letteralmente senza radici.

Le scelte di Tania – rappresentate dalla rinuncia al lavoro e alle sue ambizioni professionali per poter accudire i bambini ancora piccoli, e per seguire la carriera del marito – diventano in un istante dei macigni pesantissimi, così sbagliate da condizionare pesantemente la vita di una donna.

Tania ne trae una lezione di vita: "ho scoperto che l'unico riferimento su cui contare sono io. Nessun altro! Mai mettere la propria felicità in mano ad altre persone, perché nella misura in cui deleghi agli altri te stessa, potrebbe succedere questo.

È duro da accettare, ma non bisogna farlo nemmeno nei confronti dei propri figli: si rischia di far passare anche a loro un messaggio completamente fuorviante!".

L'elemento che, tuttavia, Tania vuole enfatizzare non è la ricerca di eventuali colpe e responsabilità: la questione nodale su cui vuole soffermarsi è che quando si vive come anestetizzati e non si è consapevoli del proprio valore, non ci si evolve.

È la vita stessa che ci sottopone a una serie di prove, che ci mette di fronte a svolte determinanti che portano inevitabilmente a una profonda evoluzione.

A Tania è successo questo. Nonostante tutto, il sentimento di gratitudine che la pervade è forte perché si rende conto che se l'evento non fosse accaduto, non avrebbe intrapreso una profonda ricerca di sé e, di conseguenza, anche tutta la sua vita non sarebbe cambiata per il meglio.

Di fronte a tanto dolore, si è rimboccata le maniche e con coraggio e una nuova consapevolezza ha trovato la forza per ripartire e ricostruirsi in maniera più sana.

Per Tania la femminilità è uno stato mentale, rappresenta la consapevolezza di non volersi sovrapporre o sostituire a un uomo: è quell'elemento differenziante che ci separa dagli uomini stessi.

Le donne non sono femminili quando a tutti i costi vogliono sembrare ed essere aggressive, sovrastare gli uomini con sindrome di "Peter Pan" o che non vogliono assumersi determinate responsabilità. Femminilità non è parificare a tutti i costi i ruoli: ognuno ha il proprio. Femminilità è sinonimo di sensibilità.

Come dice Simone de Beauvoir: "Non si nasce donne: si diventa!". Ognuna con il proprio percorso e la propria fatica per diventarlo e non sempre ci si riesce, secondo Tania.

"Non tutte siamo donne, alcune rimangono femmine fino alla fine dei loro giorni".

Tania considera la donna come la naturale evoluzione della femmina: è in pace con sé stessa, non si conforma agli altri e non scende a compromessi.

La donna ha un ruolo sociale enorme e, come madre, è anche responsabile della crescita dei propri figli, soprattutto di quelli maschi.

Dal punto di vista professionale, svolge il suo ruolo da avvocato in un ambiente prettamente maschile, in cui sente di dover corrispondere una sorta di "pegno" per la propria femminilità e aspetto fisico, o addirittura per il suo nome, Tania.

È un prezzo che lei ritiene che ancora oggi tutte le donne, in generale, pagano; non si può negare l'evidenza. L'aspetto fisico gradevole a volte non aiuta, ma lei ha saputo trasformarlo in un suo punto di forza, trasformando un limite e un pregiudizio in un vantaggio, cercando in questo anche la solidarietà di altre donne e dandogli un valore concreto, basato sui sacrifici e sull'impegno profuso per evolversi.

La bacchetta magica che può risolvere questo pregiudizio sempre più presente anche a livello social non esiste. Di certo ci sono delle azioni da non intraprendere, come la mascolinizzazione e la competizione con gli uomini.

D'altro canto, si esorta l'adozione di un atteggiamento distaccato, l'uso della propria femminilità, di caratteristiche peculiari quali la precisione, la progettazione in anticipo, l'empatia, tutti quegli aspetti tipici femminili con l'obiettivo di distinguersi attraverso l'attenzione al dettaglio e la capacità di analisi.

Perseguire l'equilibrio è un'arte, un esercizio costante da "giocoliere" e non significa ambire a conformarsi alle altre donne: ognuna ha la propria vita. Significa, d'altro canto, avere il coraggio della propria diversità e unicità, di accettarle, di coltivarle e coronare la propria natura più profonda.

L'equilibrio deriva anche dall'indipendenza economica e dalla creazione di un riparo per qualsiasi evenienza: costruire in definitiva il proprio futuro, programmarlo con i professionisti migliori ed essere oneste con sé stesse.

Dal punto di vista umano, Tania desidera trasmettere alle donne il messaggio di cercare di essere felici a prescindere dalla situazione familiare e di coppia: non ritiene sia sano demandare la propria felicità a terze persone.

Dal punto di vista professionale esorta le donne a essere e a sentirsi "diverse" e uniche anche in modo visionario e a non avere paura di sbagliare.

"Più cadi e più salti! E a volte non cadi nemmeno, ma salti direttamente: tuttavia, se non provi non lo sai! Abbi sempre coraggio!".

La lettura e lo studio costante per lei sono fondamentali, così come lo è la fiducia per il proprio istinto, quella vocina interiore che altro non è che un indicatore selvaggio e perfetto, che in qualche modo ci riporta alle origini, al nostro mondo interiore dove risiedono i desideri antichi non ancora modificati dalle sovrastrutture pesanti e devianti che si creano nel corso degli anni.

Come lettura Tania consiglia *Donne che corrono coi lupi*, che aiuta a riscoprire quell'istinto primordiale, "banale" ed elementare, che in noi tutte è presente.

Questo il messaggio che vuole lasciare alle lettrici: "la crescita, le difficoltà e il dolore possono portare a risultati straordinari. Ben vengano degli scossoni a tutte le donne che hanno ambizioni e talento: nel lungo periodo, riguardando indietro, si potrà realizzare che hanno rappresentato delle ottime occasioni di crescita ed evoluzione!".

Facendo riferimento alle sue competenze da avvocato, Tania ci tiene a condividere con le donne che leggeranno questo libro alcune strategie sulla protezione personale.

Lasciamo a lei la parola, direttamente.

"Proteggersi da sé stesse". So che è una frase provocatoria ma, nella mia esperienza, racchiude molte delle vicende che io e le mie clienti donne abbiamo affrontato.

Quando nasce un amore tutto è positivo, bellissimo e i comportamenti, le azioni e i progetti sono guidati dai migliori propositi.

In genere, quando una donna intraprende il cammino di una relazione seria per costruire una famiglia, si mette in gioco completamente rinunciando spesso a sé stessa, senza considerare i rischi derivanti dallo spezzarsi dell'idillio iniziale e dalla conseguente decisione di separare le proprie strade, mandando a pezzi il sogno iniziale e, talvolta, la vita.

Personalmente non ho mai incontrato una cliente che si sia premunita, prima del matrimonio o della convivenza, di strumenti di tutela dei propri interessi quantomeno patrimoniali, perché convinta che la coerenza sia alla base di tutta la relazione: se credi nell'uomo che ami perché dovresti partire prevenuta nei suoi confronti? In fondo, noi amiamo con tutte noi stesse!

Invece ho visto, nel corso degli anni, riempirsi la mia scrivania di kleenex bagnati da lacrime, rabbia e rimpianti per non aver previsto e non essersi tutelate prima per un evento che può accadere, e non perché "ce l'ho con gli uomini", ma perché semplicemente i rapporti evolvono come le persone e possono modificarsi anche rapidamente.

Per questo motivo consiglio alle mie clienti, preventivamente, con serenità per entrambe le parti, di rivolgersi a una serie di professionisti.

Ad esempio, a un avvocato esperto in diritto di famiglia e a un commercialista, i quali, al di fuori dell'ambito strettamente familiare, possano consigliarla in modo molto accurato in merito alla scelta del regime patrimoniale, che tuteli anche la donna ma, soprattutto, in merito alla mappatura della situazione economica, finanziaria e, ovviamente, giuridica che in maniera assolutamente trasparente, ma autonoma, possa proteggerla da tutti gli eventi conseguenti alla fine del rapporto.

Tutto naturalmente guidato da uno spirito di armonia e collaborazione, evitando di creare inutili tensioni iniziali e senza infine dimenticare la tutela dei propri figli e dei loro interessi morali e patrimoniali.

In questi casi individuare la formula più adatta richiede un lavoro scrupoloso che sappia anticipare gli accadimenti futuri e prevedere i possibili scenari specifici del contesto familiare.

Vorrei ribadire che non si tratta di una questione di mancanza di fiducia nei confronti del compagno, ma di valutare strumenti di gestione dei rischi e di tutela, contestualizzando la situazione, ed evitando di mettere a repentaglio il rapporto proprio sul nascere.

La mia professione, quella di avvocato d'affari, è quindi il regista di queste valutazioni: cura e approfondisce gli aspetti patrimoniali, relazionali, tributari e li ottimizza, unendoli all'area riguardante la famiglia.

È un consulente legale privato con una visione completa, e che in Svizzera, dove vivo, e nei Paesi anglosassoni, è molto diffuso.

In definitiva, proteggersi è un diritto che abbiamo ma soprattutto è un dovere nei confronti di sé stesse.

Auguro a tutte le donne che ci leggono di iniziare a farlo a livello di consapevolezza… e poi agire!

Viviana Battan: da modella a medico Health coach.

Viviana è nata a "La Francia", un piccolo paese nella provincia di Córdoba di 4.000 abitanti, in Argentina, dove i giorni passano tranquilli, la bicicletta è essenziale, la gente ti saluta con un sorriso e l'aroma del pane appena sfornato ti accompagna per le strade. È la più giovane di cinque fratelli.

A diciotto anni si trasferisce nella grande città di Córdoba per inseguire i suoi sogni. Inizia a lavorare come modella per pagarsi gli studi e si laurea come medico chirurgo presso l'Università Nazionale.

Titolo riconosciuto anche in Spagna. Per potere avere lo stesso riconoscimento anche nel resto dell'Europa inizia un percorso faticoso, integrando altri esami necessari.

Nel frattempo si sposa e, con l'arrivo del suo secondo bambino, sospende lo studio e si reinventa, proseguendo la sua professione come health coach, con orientamento verso le discipline dell'Ayurveda e nutrizione familiare, attività che svolge da libera professionista.

Si è ripromessa di riprendere gli studi per il riconoscimento della professione medica anche per il resto d'Europa, non appena i bambini saranno più grandi e maggiormente indipendenti.

Il destino vuole che durante gli anni dell'università ricevesse molteplici offerte come modella: ha vissuto in diverse città, conoscendo molteplici culture, genti e usanze.

Ha lavorato a Buenos Aires, Milano, Parigi, Barcellona, Ginevra, Miami, Santiago del Cile, Medellin, Messico e altri luoghi considerati esotici, inimmaginabili per lei prima. E ancora,

Giappone, Malesia, Corea, Singapore, Turchia, Tunisia, Dubai e Abu Dhabi.

Il mondo della moda le ha dato grandi soddisfazioni e insegnamenti, che resteranno nel suo percorso di vita. Tuttavia non si considera una *fashion addicted.*

Crede semplicemente che tutti dovrebbero trovare il proprio stile, perché tutto quello che abbellisce il lato esteriore di ognuno fa stare in armonia anche quello interiore e, di conseguenza, quando si è luminosi "dentro", anche la realtà circostante inevitabilmente si arricchisce.

Al momento attuale Viviana non svolge più a tempo pieno la professione come modella, ma solo a chiamata per campagne specifiche, oppure in qualità di testimonial o supporter per determinati eventi.

Non ha mai smesso di pensare allo studio di medicina: durante gli shooting o i casting da modella ha sempre portato con sé i propri libri. Le sue amiche e colleghe modelle ricordano ancora che lei trascorreva i tempi di attesa studiando nei backstage.

Buenos Aires rappresentava la base dove tornare dopo i suoi spostamenti: non è stato facile far convivere i viaggi, il lavoro e lo studio, ma lei era determinata a perseguire il suo sogno di diventare medico. La vita da modella era solo un mezzo per raggiungere i propri obiettivi.

A Buenos Aires consegue inoltre il diploma post-laurea in Medicina estetica e ricostruttiva nel prestigioso Istituto Aicer. Per raggiungere l'università faceva tragitti in autobus anche di otto ore.

Grazie ai viaggi in Asia scopre e apprezza la medicina antica e le sue cure millenarie; oltre a quella olistica, risulta essere integrativa alla medicina moderna, e non alternativa.

Così segue il corso di Medicina ayurvedica e nutrizione alla Fondazione di Salute Ayurveda Prema, a Buenos Aires.

Sposa un impresario italiano, Alessandro, con cui ha due figli meravigliosi: Vita e Giampiero, oggi di cinque e tre anni.

Si sente una mamma affettuosa, mette questo ruolo al primo posto: passa con loro molto tempo e cerca di ritagliarsene il più possibile per starci insieme.

Oggi trascorre la maggior parte del suo tempo a Milano, dove vive con la sua famiglia, e dove sta prendendo la seconda laurea in Medicina ayurvedica nella Scuola Ayurvedic Point.

Viviana ama aiutare le altre persone, sente che è la sua missione. Anche in una professione competitiva come quella da modella non faceva mai mancare il proprio supporto alle ragazze più giovani per aiutarle a districarsi in quel mondo, con generosità e senza secondi fini, cosa che tutti le hanno riconosciuto successivamente.

Ha conseguito tre lauree in quattro anni, senza trascurare la famiglia, i figli e la sua amata Argentina, dove torna per incontrare la famiglia di origine e continuare a lavorare, quattro mesi all'anno.

Scrive la sua rubrica di salute e benessere su “Infobae”, il giornale online più letto del Sud America. Ha il suo spazio di salute nei programmi tv *Estilosas*, *Nexo* e *Imagen de Moda tv* in Argentina.

Ama curare e prendersi cura degli altri. È convinta che un buon medico debba sempre partire dalla prevenzione per arrivare, oltre che alla salute, alla bellezza: la medicina ayurvedica le fornisce gli strumenti per farlo.

Il suo metodo si chiama “Convivi Bene”: è unico ed esclusivo e combina i principi della medicina tradizionale ayurvedica con i più recenti progressi scientifico-nutrizionali.

Tutto parte da uno screening olistico: personalizzato e sistemico utile a misurare il livello di salute di ogni individuo, identificando il biotipo costituzionale, il suo relativo potenziale interno e un suo possibile squilibrio.

Il fine è quello di integrare trattamenti specifici e piani alimentari che, in sinergia, supportano e stimolano il corpo, eliminano le tossine, aumentano la vitalità e i livelli di energia per arrivare a riequilibrare la corretta fisiologia del corpo e della mente.

La salute è ordine, il disagio è disordine. All'interno del corpo fisico esiste una costante e continua interazione fra ordine e disordine e chiunque può diventare consapevole della presenza del disordine nel proprio corpo e apprendere le metodologie per ristabilire l'ordine.

Il disordine si crea quando le due realtà percettive corpo-mente sono in stato di disequilibrio e provocano una forte dispersione energetica all'intero sistema psico-fisico.

Corpo, mente e anima: questi tre elementi sono come un tripode. La nostra vita si regge sul loro essere in equilibrio.

La buona salute fisica è solo il primo gradino: è proprio dal corpo che dobbiamo partire per farlo diventare un valido alleato, piuttosto che un ostacolo nel cammino verso il benessere totale.

La cura del corpo non può prescindere da un sano stile di vita comprendente anche aspetti non fisici, che comunque lo animano e lo influenzano.

Parimenti, la mente va nutrita in modo salutare: è necessario modificare gli automatismi mentali intervenendo sui meccanismi psicologici alla base, modificando le abitudini e cominciando proprio dal "cibo" che forniamo alla mente.

Esiste, quindi, il cibo per il corpo e quello per la mente: in entrambi i casi, il processo digestivo rappresenta un punto cardine e lo stesso sarà più o meno facile, più o meno funzionale al nostro benessere, nella sua completezza.

Vi sono, infatti, alimenti indigesti che producono tossine e originano malattie, e altri, al contrario, sani e nutrienti che danno vigore e lucidità al complesso corpo-mente.

Fino a quando non riusciamo a modificare ciò con cui nutriamo la mente, essa non potrà cambiare i propri modelli di comportamento.

A volte basta solo fare attenzione a ciò che s'indossa o al clima esterno, utilizzando il principio di compensazione: in giornate uggiose e umide usare abbigliamento colorato e alimenti come cibi caldi e "secchi", che vadano in opposizione e bilancino anche i sensi.

Una pratica da attuare per purificarsi è il digiuno. Sono millenni che viene utilizzato in varie culture per "ripulire" il corpo e l'anima. È una pratica prevista anche nella medicina ayurvedica finalizzata a donare consapevolezza, forza e disciplina. Ma non sarà uguale per tutti e deve essere rigorosamente guidata.

Da cosa nasce il nome Convivi Bene?

Da: Con-Vivere, ossia Vivere Con…
ConVivere è: osservare, ascoltare, amare, guarire.
ConVivere è: condividere, sognare, ridere.
ConVivere è: armonia con tutto ciò che siamo: la nostra vita sociale, emotiva e spirituale.

ConVivere è: interazione costante tra il mondo interno ed esterno, anche attraverso il movimento e l'esercizio. Così come l'alimentazione, anche quest'ultimo deve essere effettuato in base alle caratteristiche di ogni persona, in "accordo" a quello che si è.

Ad esempio, in una fase più "lenta" o pensante è buona norma fare entrare nella propria routine attività cardio; in momenti di alta energia introdurre lo yoga, la meditazione, in modo da compensare; se invece stai vivendo un periodo teso… balla! Proprio per sciogliere le tensioni.

Ogni persona va osservata e in base alla propria costituzione, alle proprie abitudini e al proprio bioritmo si comprende come operare per il bilanciamento: aggiungendo o togliendo.

Nel momento in cui impariamo a conoscere noi stessi, a osservarci e a interiorizzare il fatto che siamo un "tutt'uno con l'Universo", possiamo realizzare che siamo noi stessi e i nostri pensieri in relazione con le situazioni che ci circondano, la stagione in cui ci troviamo e le persone attorno a noi.

Imparando ad ascoltare tutto ciò, sapremo come "ConVivere Bene" e in armonia, riuscendo anche a operare scelte appropriate.

Viviana parte del principio che le cause più comuni della malattia sono tre.

1) Errori di intelletto: adozione di comportamenti alimentari e stili di vita non equilibrati, quali fumare o bere alcool in eccesso.

2) Influenze ambientali e azione del tempo.

3) Stress sensoriale: errato, eccessivo o insufficiente uso dei sensi. In pratica, sai che quel comportamento fa male e lo fai lo stesso.

Tutti questi fattori portano a uno squilibrio degli umori del corpo e dei tessuti, causando con il tempo l'indebolimento del nostro potere digestivo e trasformativo, con la conseguente formazione di tossine, causa dei danni sia funzionali sia organici.

Lo scopo di Viviana è quello di accompagnare le persone a ritrovare il proprio equilibrio, rimettendo tutto in ordine, partendo proprio dallo stile di vita.

Lo fa basandosi sulla medicina Ayurveda, unendo quella

funzionale e la nutrizione cosciente, con un focus particolare verso la prevenzione che, di conseguenza, attiverà una forte azione anti-age.

Viviana collabora con il wellness-chef Emanuele Giorgione, consulente di cucina con oltre vent'anni di esperienza, e un gruppo selezionato di terapiste, sviluppando una tecnica basata sulla nutrizione e cucina wellness, parallelamente all'identificazione di cure e trattamenti personalizzati che stimolano le funzioni corporee e realizzando insieme a loro consulenze per Medical and Wellness Spa, alberghi e ristoranti, che desiderano soddisfare una clientela informata e consapevole.

Sta anche implementando consulenze private, "portando" la Spa direttamente a casa del cliente.

È la "Convivi Bene Home Spa": intende monitorare i pazienti comodamente dalla propria casa con un supporto continuo, un programma individuale e personalizzato, in armonia con le abitudini familiari.

"Nutrirsi è un dono che facciamo al nostro corpo. Deve essere fatto con la consapevolezza dei nostri sensi, perché diventi la medicina della nostra anima".

Vivina ha sviluppato e perfezionato un metodo unico per integrare trattamenti specifici a piani alimentari che, in sinergia, supportano e stimolano il corpo, eliminano le tossine, aumentano la vitalità e i livelli di energia per ottenere un riequilibrio complessivo della fisiologia del corpo.

Ha anche una sua scuola online in spagnolo con cui insegna alle famiglie o al singolo a ritrovare l'equilibrio, mettendo a disposizione tutte le sue conoscenze.

Tutte le donne sono uniche a proprio modo: il progetto U-nike, che fa luce proprio su questo aspetto, è affascinante.

La femminilità è innata in ognuno di noi, e viene espressa alla propria maniera con piccoli gesti: come si parla, come si muovono le mani, come si indossa un abito o come si cammina. Tutto questo può essere sviluppato e migliorato.

Per lei che ha fatto balletto classico da piccola e la modella da giovane, è risultato più facile riconoscere e manifestare la propria femminilità: in ogni caso, tutte le donne hanno la possibilità di accrescerla.

Per lei è un'espressione quotidiana consueta: una volta identificata, imparata e fatta propria ci accompagnerà per tutta la vita in modo inconscio.

"Essere donna è la cosa più bella del mondo!". Viviana lo considera un dono, soprattutto quando ha sentito i propri bambini crescere dentro di sé; una felicità mai provata prima, una "pienezza" nuova.

E per lei rappresenta lo stesso dono quando si mette a disposizione del mondo, uno scopo per il quale si sente profondamente orgogliosa di essere donna.

Trovare l'equilibrio nelle diverse sfere della vita non è per niente facile, soprattutto per le donne come lei che sono sempre in movimento.

Le giornate non sono sempre rosee, ma la consapevolezza di essere nel posto giusto unita alla speranza di fare sempre meglio, è la ricetta per superarle.

Il grande spirito e la capacità di adattamento prettamente femminile, permette di affrontare le sfide della vita. Viaggiare le ha dato le capacità per osservare il mondo sotto diverse angolazioni: non ha problemi ad adattarsi alle situazioni e a far fronte alle difficoltà.

Scoprire il proprio scopo e la missione nella vita sono stati fondamentali per affrontare i momenti bui: solo in questo modo le è stato possibile migliorarsi soprattutto, non compararsi o competendo con gli altri.

In particolar modo in una società dove il "mondo" dei social facilita la caduta in questa trappola dei paragoni e del non sentirsi mai all'altezza.

Guardare e osservare noi stesse con occhi oggettivi, accettandosi così come siamo: U-nike!

Solo così possiamo scoprire tutte le nostre qualità, il nostro equilibrio, attraverso un sano bilanciamento, anche seguendo le stagioni atmosferiche: rispettare sempre sé stesse, senza boicottarsi, applicando la coerenza ai nostri valori e perseguendo i nostri sogni, senza disperdere energie.

Le cose arrivano quando devono arrivare: ognuna ha il suo cammino ed è unica, anche nel proprio percorso di vita!

Namasté!

Vesna Ilic: la potenza che scaturisce dal farsi le giuste domande.

Vesna Ilic, cinquantuno anni, ha creato assieme ai suoi due soci il marchio "Dyanema", ossia una società d'investimenti immobiliari: acquistano gli immobili, li valorizzano, li frazionano, procedono con l'eventuale cambio d'uso, li ristrutturano e li rivendono. Il cosiddetto *flipping*.

Dal punto di vista della salute fisica ci racconta che si sente a tutti gli effetti una ragazza: si allena in palestra tre volte la settimana, cura l'alimentazione, assume gli integratori e una volta a settimana si regala una seduta presso un centro estetico.

Dedica molto tempo ed energia al benessere del proprio corpo e della propria mente.

È sempre di buon umore e ci svela che ha un mantra "segreto". Tutte le mattine, senza saltarne una, mentre beve il caffè si chiede: "oggi sceglierei la vita che sto vivendo? Vorrei cambiare qualcosa?".

Nel caso individui un solo aspetto che non le piace, si pone un'altra domanda, molto potente: "cosa posso fare per cambiare?".

Si ritiene molto serena e soddisfatta. È consapevole di aver scelto e perseguito la vita che voleva davvero. Non ama la routine e tutto ciò che è uguale diventa, nel corso del tempo, ripetitivo.

Ha "bisogno" di sentirsi viva e di provare costantemente emozioni. Quando sente di avere poca adrenalina o di diventare "esperta" in qualcosa si annoia: proprio perché ha sempre bisogno di sfide.

Ad esempio, l'anno 2020 per tante persone è stato terribile; al contrario, per lei è stato l'anno migliore di sempre.

È vero che abbiamo vissuto una situazione d'emergenza e di crisi per certi versi drammatica, non mette di certo la testa sotto la sabbia.

Tuttavia se si ha lo spirito giusto e si coglie l'occasione per reinventarsi, si possono ribaltare seriamente le regole del gioco a proprio favore.

Ancora una volta, ci stupisce con domande schiette e impattanti. Sempre in riferimento a questo momento storico.

"Posso intervenire? No!".
"Dipende da me? No!".
"È esterno a me? Sì!".

Quindi, non resta altro che chiedersi: "come posso intervenire nel mio microcosmo, per sfruttare la situazione o quanto meno mantenerla nel miglior modo possibile?".

Se ci riflettiamo, questo periodo di tempo non ci verrà restituito: questo è lo spirito con cui Vesna affronta tutti i giorni la sua vita.

"Faccio il massimo che posso?".

È fondamentale poter scegliere come vivere, e le persone di cui circondarsi: tutto ciò che è nocivo per la sua mente o il suo corpo viene allontanato, senza mezze misure.

Siamo noi stesse a controllare i nostri comportamenti e a decidere come reagire dinnanzi a qualsiasi avvenimento. Chi vive in funzione delle soluzioni e non dei problemi è come se fosse costantemente in un'oasi felice: certamente con tutte le difficoltà, le interferenze e le problematiche che quotidianamente ognuno di noi ha, ma con obiettivi proattivi.

Vesna si considera in una costante evoluzione nella quale non esiste un punto di arrivo. Possono essere individuati punti di partenza, cicli che si chiudono, ma non un definitivo punto finale.

Dyanema è il coronamento di un percorso intrapreso quindici anni fa, un cammino iniziato dalla chiusura di un altro percorso che, a sua volta, ha concluso altre fasi.

Vesna lavorava come dipendente, percepiva un ottimo stipendio, tuttavia non era soddisfatta e si sentiva continuamente frustrata, mai contenta.

Per tutte le persone che la circondavano, quella situazione lavorativa rappresentava un ottimo punto di arrivo, ma non per lei. Per lei si era trasformata in una vera e propria disperazione: entrava in ufficio con il buio usciva sempre con il buio; non aveva tempo, non riusciva a curare gli affetti, non aveva stimoli; non aveva una vita al di fuori del suo lavoro.

L'unica valvola di sfogo era costituita dal weekend, in cui tutto quello che guadagnava lo spendeva ("Lo bruciavo!", ci racconta) per sopperire e compensare la frustrazione di non vedere mai suo figlio e di non potersi godere le piccole cose, fosse anche solo la luce del giorno.

Era arrivata a un punto di non ritorno nel quale si è posta una sola e semplice domanda, che le ha permesso di capire tutto, di trovare la visione e poter operare una scelta.

"Oggi sceglierei la vita che sto vivendo?". Il suo mantra! La risposta è stata immediata e in quell'esatto momento ha optato per l'unica decisione possibile: prendere in mano le redini della propria vita.

E la domanda: "come posso fare per cambiare questa situazione?" ha messo in moto la ricerca di qualcosa di diverso: senza avere tutto chiaro in testa fin da subito, ha iniziato, tuttavia, a studiare, a riflettere e a guadarsi attorno.

Succede poi che nello stesso periodo Vesna stesse cercando una casa da comprare e ricercando sui motori di ricerca attraverso le stesse parole chiave (immobili, case, appartamenti ecc.), si imbatte così nel sito di Alfio Bardolla, e in particolare proprio in uno dei primi corsi che lui organizzava per crearsi delle entrate finanziarie attraverso l'investimento in immobili.

In un primo momento non era così convinta di spendere dei soldi e di andare fino a Milano (in quell'epoca viveva a Roma) per un weekend di formazione, ma qualcosa in lei era più forte di tutte le resistenze razionali.

Si è detta: "ho due strade: o resto in questa situazione o ci provo, al massimo butto via dei soldi e due giorni fuori città. E, se invece, fosse davvero valido? Mi potrebbe far cambiare vita, cosa che più desidero in questo momento!".

Ha sentito che quella era l'occasione che stava cercando. Appena finito il corso realizza che quella era la sua strada; ma poi, al ritorno alla sua realtà quotidiana si rende conto che non avrebbe avuto il tempo di seguire questa nuova opportunità, visto che lavorava quattordici ore al giorno.

Si è resa conto che aveva una gran fame, non di soldi, ma di libertà. A due mesi di distanza si dimette: eccetto suo figlio di dodici anni e il cane, si ritrova tutti contro.

Si è sentita dire di essere una pazza, una madre snaturata, un'incosciente a rinunciare al posto sicuro e imbattersi in qualcosa che al momento le era sconosciuto.

Ma lei era certa di non sbagliare, al limite avrebbe rifatto la dipendente di nuovo, in caso di fallimento del nuovo progetto.

A qualche anno di distanza Vesna, ci racconta che, se tornasse indietro, non darebbe nemmeno i due mesi di preavviso! Non si è mai pentita, anzi ha raggiunto anche l'apice in questa nuova carriera.

Partita con gli strumenti messi a disposizione dal corso, è diventata particolarmente brava nelle sue personali operazioni, e per questo è stata persino ingaggiata per una posizione di rilievo.

Alfio Bardolla, il formatore/coach che all'inizio la affiancava come supporto e revisione nelle sue operazioni, in quel periodo si stava espandendo nelle sue attività di business e le propose di ricoprire dapprima il ruolo di coach e in seguito di trainer per i suoi futuri allievi.

Fino al 2019 Vesna è stata un investitore immobiliare per sé stessa e la responsabile dell'area immobili della Abtg, la Società di Alfio Bardolla, la Alfio Bardolla Training Group.

All'apice del suo successo, la libertà ha di nuovo bussato alle porte della sua vita. Avrebbe potuto fermarsi, ma l'identità di formatore assieme a quella di imprenditrice non le permetteva di gestire al massimo e come avrebbe voluto entrambe le cose, oltre a non appagare il suo senso di libertà: il valore più grande per lei!

Decide nuovamente di operare una scelta, molto coraggiosa, quando si rende conto di aver prenotato una vacanza senza controllare il calendario degli eventi.

In quel momento realizza che è giunta l'ora di lasciare il suo ruolo da formatrice: lei è una donna che pianifica, che programma e non sarebbe mai venuta meno alle proprie responsabilità.

Per lei era diventato insostenibile che qualcun altro decidesse come avrebbe impiegato i suoi weekend.

Decide di dedicarsi a tempo pieno a ciò che adora fare in qualità di imprenditrice: quel lavoro che non definisce nemmeno tale, ma una passione. Perché lo ama così tanto?

Perché le dona quella libertà che ha sempre inseguito, senza sentirsi obbligata: se vuole “spingere” sull’acceleratore si impegna per questo, se vuole fermarsi sei mesi può farlo ugualmente.

A proposito di adrenalina e forti emozioni che desidera provare, in quest’ultimo mese la sua società ha acquisito tre immobili e attuato investimenti che, statisticamente, si movimentano in un anno di lavoro.

Questa è libertà! Il suo lavoro è il suo habitat naturale perché può decidere come vivere la sua vita, con chi e in che modo.

Vesna è una donna che vuole provare emozioni come sulle

montagne russe e non far cadere mai l'energia a livelli bassi, né essere routinaria.

Ambisce a posizionare l'asticella dei suoi obiettivi sempre più in alto, a fare sempre qualcosa di più. Per lei la sfida è il pane quotidiano. Vuole essere la padrona delle sue scelte, anche se sbagliate e poco popolari.

"La vita è fatta di tanti cicli che vanno chiusi quando non ti danno più nulla!". Per quello che riguarda la femminilità, sentirsi femminile per lei vuol dire vivere la parte "femmina" del ruolo: essere in forma, curarsi per sé stesse, essere e vedersi belle.

Per Vesna, tuttavia, non esiste il preconcetto riguardo all'essere maschio o femmina: siamo tutti essere umani con le proprie predisposizioni. Lei ha vissuto periodi in cui le caratteristiche maschili hanno prevalso e altri in cui hanno predominato quelle femminili.

Diventare donna significa avere il coraggio di vivere le peculiarità di entrambi i lati, tanto maschile che femminile.

"Quante cose nella mia vita ho fatto che non sono tipiche di una donna? Moltissime, ma non per questo mi sento meno donna!".

L'equilibrio si trova con molto sforzo ed è al di sopra di tutti i ruoli che viviamo ogni giorno, distaccandoci dagli stessi. Noi viviamo un insieme di ruoli: compagne, mamme, figlie, amiche, imprenditrici ecc.

Farli convivere non è semplice e a volte è necessario decidere di introdurre qualche sacrificio, rinunciando, talora, anche a certi aspetti, cercando di rimanere noi stesse, scollegando la nostra essenza e capendo la direzione, a prescindere dalle etichette o dal giudizio comune.

Oggi non vive più i sensi di colpa per le rinunce fatte: sa che erano necessarie. Si definisce una donna estremamente indipendente da qualsiasi convenzione sociale e ruolo.

Anche in coppia non vuole sentirsi soffocata e applica, ancora una volta, la regola della libertà per poter esprimere totalmente sé stessa senza imposizioni o pretese di cambiamento per soddisfare atteggiamenti possessivi da parte del partner.

Ci saluta suggerendoci due azioni quotidiane:
lavorare su sé stesse,
rafforzare sé stesse.

“Se stiamo bene con noi stesse possiamo, di riflesso, essere ottime mamme, compagne, manager, mogli e figlie. Se per prime abbiamo delle insicurezze, le trasmetteremo agli altri”.

Inoltre, invita a non cercare mai responsabilità all’esterno per quello che ci accade e a non diventare vittime di noi stesse.

Interpretare e conoscere il meccanismo interno che ha provocato certe situazioni è fondamentale perché ciò che manifestiamo all’esterno è il nostro riflesso interiore: tanti accadimenti li cerchiamo, inconsciamente, sia positivi sia negativi, perché siamo noi predisposte a farli accadere.

Se non ci si assume la responsabilità per ciò che ci succede è come se qualcun altro decidesse per noi il corso della nostra vita:

pianificare, crearsi degli obiettivi e delle azioni per realizzarli è la ricetta.

Così, bisogna smetterla di sognare e iniziare a dire: "io voglio, non vorrei! E se lo voglio, lo faccio, dipende solo da me, è tutto frutto della mia responsabilità!".

Vesna è consapevole di sembrare pragmatica, forte e a volte estrema, ma queste qualità l'hanno salvata proprio nei momenti di frustrazione e insoddisfazione, senza lamentarsi e contornandosi anche delle persone giuste.

"Come posso fare per…", fa parte del suo Dna.

Aggiunge, inoltre, che per ogni problema esiste sempre una soluzione o almeno esiste sempre la libertà di scelta relativa e la possibilità di reagire di fronte alle situazioni: possiamo risolverle o migliorarle.

Anche il *non fare* è una scelta: è l'atto di responsabilità verso sé stesse che cambia.

Il messaggio che vuole dare dal cuore alle donne che leggono è questo: “scegliere ogni giorno come vivere e disegnare la propria vita, perché questo significa essere liberi; inseguire quello che dona gioia attraverso la tua personale visione.”.

Questo è ciò che lei fa, tutte le mattine, davanti al suo caffè, e di certo, abbiamo capito che non si lascia influenzare dagli altri così facilmente.

Capitolo 4:
Il percorso U-nike

Il percorso U-nike è, nemmeno a dirlo, unico nel suo genere!

U-nike è una grande *tribe* di donne che ricercano la propria libertà di essere.

Alle donne U-nike vogliamo dare strumenti seri, professionali, ma anche momenti divertenti e di condivisione per accompagnarle nella costruzione della vita che desiderano senza rinunciare a ciò che hanno costruito ma facendolo evolvere e migliorare.

U-nike nasce dal desiderio di creare uno spazio dove le donne possano essere sé stesse al cento per cento, dove possano condividere la loro voce.

È proprio sul valore della libertà, dell'esprimere sé stesse in totale autonomia, che abbiamo creato un metodo di apprendimento, appunto, unico, nel suo genere.

I nostri percorsi sono pensati come veri e propri strumenti specialistici, ma al tempo stesso personalizzati.

Com'è sviluppato nella partica il modello U-nike? È strutturato in tre step (+ una sorpresa che scoprirai alla fine):

1) la *tribe*
2) la master class
3) i percorsi.

La *tribe*: chiacchiere per noi.

La *tribe* è essenzialmente una community di donne che coltivano i valori e condividono la missione di U-nike.

Le donne U-nike sono madri, mogli, lavoratrici, casalinghe, studiose, sorelle, amiche e figlie… e tanto altro.

Condividiamo storie di affermazione, ma anche di perdita, informazioni, consigli pratici e strumenti per migliorare la propria vita e manifestare con forza la propria femminilità, per creare un terreno comune di fiducia, ispirazione, speranza, significato e complicità.

Grazie alla *tribe* puoi entrare in contatto con altre donne che, come te, non cercano di essere migliori degli uomini ma di essere donne migliori.

Potrai scoprire storie, contenuti, aggiornamenti costanti, percorsi, riflessioni, emozioni e tanto altro ancora: tutto questo lo potrai scoprire semplicemente accedendo al nostro sito e iscrivendoti… gratuitamente!

La master class: da consapevolezza ad azione.

Il secondo gradino, per innalzare il tuo livello: U-nike master class.

È pensata come un vero e proprio strumento per accrescere la tua consapevolezza e trasformarla… in azione! Sì, perché è l’azione a fare la differenza, lo sappiamo bene, noi di U-nike!

Di cosa si tratta? Di ben oltre dieci ore di approfondimenti formativi, file "pdf" scaricabili e per sempre tuoi, esercizi e tutto ciò che ti serve per iniziare il tuo percorso al fine di diventare una donna U-nike.

Nella master class affrontiamo diversi macrotemi che riguardano la protezione, la consapevolezza e la manifestazione della tua femminilità.

Oltre dieci ore di contenuti dall'enorme valore.
Questa master class è il nostro personale "benvenuto" a un prezzo irrisorio e accessibile a molte. È stata realizzata grazie alla collaborazione di reali professioniste di successo: avvocati, commercialisti, manager, imprenditrici e psicologhe, che condivideranno con te strumenti e consigli pratici.

Ti verrà fornita una serie di metodologie pratiche sulle diverse aree della vita che potrai potenziare con l'introduzione ai percorsi più specifici che troverai in U-nike.

Grazie a questa potrai già ottenere un'enorme consapevolezza su quali sfere vorrai focalizzarti e perseguire il tuo cammino.

Magari ti accorgi che l'area finanziaria è carente, oppure che vorrai intraprendere un viaggio alla scoperta di più tempo e cura verso te stessa, quindi ti vorrai dedicare maggiormente all'area relativa alla tua immagine, o addirittura vorrai iniziare delle azioni per proteggere il tuo patrimonio.

Questa non è la "solita" master class, fatta di video e nozioni "passive": avrai supporto e confronto reale.

Difatti, non sarai *mai* e poi mai sola; avrai a tua completa disposizione e sempre un *mentor*, rigorosamente donna, U-nika, come te!

Nel momento in cui vi accedi hai due scelte:

1) chiedere una consulenza alla *mentor* che ti verrà affidata prima di partire.
2) Acquistare la master class in totale autonomia, visionarla e, solo dopo, avere un confronto con la tua *mentor*.

Vediamo i due casi nello specifico come funzionano. Nel primo, farai un lavoro assieme alla tua *mentor*: con lei valuterai il tuo punto di partenza, quali sono i tuoi obiettivi e creerete così il percorso migliore, ma solo in base alle tue esigenze.

Con la tua *mentor* di riferimento potrai confrontarti costantemente in modo che tu possa sentirti supportata nel tuo viaggio in U-nike, dall'inizio alla fine, con aggiornamenti continuativi, in modo che sia efficace al cento per cento.

La *mentor*, attraverso i propri suggerimenti e i punti di riflessione sulle diverse tematiche, ti fornirà tutti i migliori consigli su come fare a raggiungere i tuoi obiettivi, in assoluta condivisione e feedback costanti.

La tua *mentor* è una presenza che ti forniamo solo per capire cosa è più significativo e importante per la tua evoluzione. La sua funzione è unicamente di supportarti, ma non di farti mai e poi mai alcun tipo di pressing sulle tue decisioni.

Ti consegnerà la stesura del tuo profilo, ma poi sarai solo tu a scegliere quale strada vorrai prendere o meno.

Inoltre, potrai anche chiedere consigli alla professionista che ha creato il corso, come ulteriore figura di riferimento e per domande più specifiche.

Nel secondo caso, al contrario, invece, potrai decidere di acquistare la master class e/o i corsi in autonomia. A questo punto verrai contattata comunque da una *mentor*, ma sarai sempre solo tu a decidere se vorrai essere affiancata oppure no e se vorrai avere dei chiarimenti ulteriori.

Insomma, la tua totale libertà e autonomia sono per noi davvero importanti. Con la *mentor* creerai il tuo avatar, il tuo profilo con le tue *skills*, il tuo punto di partenza e gli obiettivi che vorrai raggiungere; in base a tutto questo, la tua *mentor* cucirà il miglior percorso su misura per te.

Questo *brainstorming* con una persona esterna è uno strumento davvero efficace, anche per darti dei consigli più mirati e oggettivi alle tue necessità, cosa che per te, visto che sei immersa nella situazione, diventa più difficile identificare.

Il bisogno latente non corrisponde sempre a quello manifesto. Magari pensi di aver necessità di più soldi, quando in realtà il bisogno che si cela dietro è la sicurezza che i soldi ti darebbero.

È proprio su questo bisogno che con la *mentor* potrai scardinare quelle che potrebbero essere delle credenze errate o nemmeno tue in merito alla gestione del denaro: identificare quindi nella fattispecie qual è la reale causa-effetto, quali sono i mezzi e i fini.

Andare quindi alla base dell'iceberg e non fermarsi alla "punta", perché a volte capita di manifestare un bisogno attraverso dei comportamenti senza avere la consapevolezza di quale sia il bisogno effettivo.

Questa ricerca è necessaria a non buttare via dei soldi, del tempo e delle risorse e, soprattutto, a trovare la soluzione più idonea in questo preciso istante e a non focalizzarsi su una scelta che magari potrebbe risultare errata.

Inoltre per ogni competenza che acquisisci ti verranno dati dei punti, dei premi, in modo da tenere sotto controllo la tua crescita. Come funziona?

Immagina di essere in un video game. Entri nel game con il tuo personaggio, con punti pari allo zero.

Rispondi alle prime domande per capire le competenze che hai ad oggi e in base a queste ti verranno attribuiti dei punti.

Poi, man mano che seguirai la master class o che parteciperai ai corsi te ne verranno attribuiti altri dal sistema attraverso la sua intelligenza artificiale.

Questo ti permetterà, a seconda delle aree in cui ti metterai in gioco, di capire i tuoi livelli e apprendere le svariate consapevolezze. I punti rispecchieranno la tua evoluzione.

Sarà un tracciamento per te stessa, ma che potrai condividere con la tua *mentor* di volta in volta.

I percorsi U-nike: andiamo in profondità!

Partiamo dal presupposto che con l'acquisto della U-nike master class avrai compresi tutti gli aggiornamenti futuri e i materiali di ogni singolo video. Questo perché è per noi vitale che tu stia sempre al passo.

U-nike ha sviluppato percorsi di approfondimento, partendo proprio dalle riflessioni della propria *tribe*, su svariati argomenti quali femminilità, *lifestyle*, famiglia, protezione personale e patrimoniale, professione, pensieri ed emozioni.

Per ognuno di questi vi sono i diversi corsi: sei solo tu a scegliere quali frequentare. Abbiamo creato 5 percorsi per le 5 aree della vita. In ogni percorso c'è una serie di corsi che trattano differenti argomenti, facenti parte dello stesso argomento.

Tu puoi scegliere di acquistare:

- un solo singolo corso di un'area specifica
- un solo corso nelle diverse aree
- partecipare a tutti i corsi presenti in un'area, seguendo tutto il programma completo dell'area stessa.

- Fare il percorso completo, ossia partecipare a tutti i corsi di tutte le aree.

Hai tu la piena facoltà di valutazione e decisione di approfondire solo quello che ti sta a cuore e che vuoi perseguire. Non è il solo tuo "frequentare" che a noi interessa: vogliamo la tua crescita ed evoluzione. E come puoi tenerle monitorate?

Ricordi il video game di prima? Esatto: questo ti permetterà di tenere sotto controllo i tuoi progressi e i tuoi miglioramenti, proprio perché il tuo "punteggio" si innalzerà man mano che farai i diversi corsi e acquisirai nuove nozioni.

Ed è per questo che prima di fare le tue scelte sarai guidata e orientata dalla *mentor* esattamente in ciò di cui hai bisogno, in modo da non farti girovagare nel buio.

Ti vogliamo direzionare solo verso il meglio per te. Attraverso domande specifiche, esercizi e i tuoi obiettivi capirà le tue esigenze e ti dirà quale strada è più opportuno seguire, con i tuoi tempi e le tue necessità.

Ad esempio, per quest'anno vuoi seguire maggiormente l'aspetto finanziario rispetto a quello della salute in cui ti senti già ben formata o preparata? Oppure vuoi partire proprio dalla tua forma e cura dell'alimentazione? Sei solo tu a determinare il tuo cammino!

È anche vero che curare tutte le aree in contemporanea ed essere in costante equilibrio sarebbe l'ideale, ma è anche vero che ci sono dei periodi in cui senti di voler dare più importanza a certi aspetti rispetto ad altri, o che addirittura è una necessità.

Ecco la magia di U-nike: darti la possibilità di non fare indigestione di contenuti, crearti confusione e di conseguenza impedire, per il troppo stress, la tua trasformazione.

Ed è per questo che sono nate le *mentor*: per farti uscire dallo stato di confusione e prendere decisioni con la più totale serenità e calma. Per di più questo ti permetterà, nel tempo, di portare avanti il tuo progetto senza mai abbandonarlo.

Grazie alla tua *mentor* verranno a galla i tuoi desideri più profondi e reali che potrebbero essere coperti dalle emozioni del momento.

Non vogliamo fare leva sulle emotività momentanee, ma creare una trasformazione duratura e consolidata in te, passo dopo passo, giorno dopo giorno, grazie a una profonda riflessione interiore, condivisa, offrendoti un percorso *customizzato* su di te.

Infine, ma non di certo per importanza, vi darete continuamente dei feedback sui tuoi miglioramenti.

A ciascun corso, sì, puoi partecipare in autonomia, ma con la tua personale *mentor* il risultato sarà sicuramente maggiore ed efficace.

Sentiti libera di essere, manifesta la tua femminilità e le tue potenzialità: per te che, come donna, non vuoi essere diversa ma migliore.

E non è finita qui, ecco la sorpresa per te: vediamoci dal vivo! Sì, perché abbiamo capito quanto sia importante vedersi, guardarsi negli occhi, abbracciarsi, ridere, mangiare insieme, avere momenti conviviali e di condivisione dal vivo.

Proprio per questo una volta l'anno ci sarà l'evento nazionale grande, in cui c'incontreremo tutte: donne U-nike, le professioniste, le *ambassador*, le *mentor*, noi fondatrici e… tu!

E noi non vediamo l'ora di incontrarti e conoscerti.

In più, di volta in volta, durante l'anno ci saranno dei workshop e serate informative di approfondimento di determinate attività, sia dal vivo che online.

Ecco, questi sono i 4 step pensati unicamente per le donne che vogliono diventare U-nike.

Ora sta solo a te decidere quando, quanto e in che modo… trasformarti in una donna U-nika!

Conclusione

Siamo giunte alla fine del nostro viaggio insieme, per ora.

Adesso, siete pronte per iniziare la vostra splendida avventura, verso la vostra trasformazione, donne U-nike.

Vi abbiamo parlato dell'enorme opportunità che abbiamo oggi, semplicemente cercando il meglio per noi stesse, senza dover né superare né dimostrare niente a nessuno.

Diventa fondamentale intercettare esclusivamente il nostro equilibrio e la nostra serenità, in base ai nostri valori e principi, per scoprire… i nostri talenti, a prescindere dai risultati, senza giudizio, senza paure e senza catene!

La femminilità non solo è esteriore ma anche interiore e tutte le donne possono ricrearla, dentro di sé.

Ci siamo presentate, con le nostre vite e i nostri valori. Abbiamo condiviso con voi una parte del nostro percorso e le motivazioni che ci hanno portato a unirci e a fondare U-Nike.

Tre donne, tre personalità diverse ma con capacità complementari, unite nella stessa ambizione: creare un mondo migliore, partendo proprio dalla consapevolezza delle donne.

Vogliamo contribuire a far manifestare a ogni donna, che ce lo permetterà, tutta la propria femminilità, una dote innata, ma spesso offuscata, in tutta la sua bellezza, forza e potenza, senza nascondersi dietro a dei ruoli.

Vogliamo farvi compiere azioni per realizzare concretamente la vostra vita e… non sognarla e basta!

Queste le nostre parole guida: femminilità, eleganza, intelligenza, autenticità, sensualità, coscienza e conoscenza del valore proprio per giungere a un sano equilibrio in totale libertà e autonomia. Alcune di queste, come approfondirle, le avete trovate nel capitolo 3.

Vogliamo accompagnarvi a sviluppare competenze e trovare risorse per creare la vita che davvero volete, rispettando al massimo voi stesse, per fare una reale differenza, anche per chi vi circonda.

Abbiamo, poi, intervistato e ascoltato le nostre *ambassador*, trasmettendovi i loro "segreti" e persino alcune parti del loro viaggio, nonché alcuni degli strumenti utili per la vostra crescita.

Sorellanza e complicità femminile: altre due parole simbolo di U-nike. Laddove in altri ambienti regnano l'invidia, la divisione e i combattimenti sterili, al contrario, qui ci avviciniamo e ci diamo supporto reciproco e continuativo. Perché siamo U-nike!

Infine, abbiamo descritto com'è strutturato il nostro e, soprattutto, il vostro percorso U-nike, proprio perché in questo, invece, di segreti non ne vogliamo. Il punto focale: la condivisione dell'esperienza vista come insegnamento.

Ammetiamo che in questo libro ci sono molte informazioni, ma ciò che ci sta davvero a cuore è trasmettervi che trovare l'equilibrio tra tutte le aree della vita è davvero possibile, per qualsiasi donna: è uno stile di vita ambizioso, ne siamo consapevoli, ma allo stesso tempo capace di donarvi sensazioni ed emozioni ineguagliabili!

Noi non vogliamo per voi la corsa affannata, né il rimpinzarsi d'informazioni per poi finire ad... abbandonare il campo. Ogni giorno è una rinascita e noi desideriamo la vostra rinascita fatta di consapevolezza in modo sereno, naturale, come se facesse parte del flusso e dello stato naturale delle cose.

La fine del percorso di U-nike è proprio come queste pagine: una fine, ma un nuovo inizio.

Il logo di U-nike è formato, se osservate bene, da un'ala. L'abbiamo immaginata come le ali per tutte voi.

La chiusura di questo libro, come coronamento di tutto quanto vi abbiamo trasmesso, è quest'immagine. Dopo averla letta: chiudete gli occhi, lasciate spazio all'immaginazione e vivete tutte le sensazioni che vi trasmette.

Voi, insieme ad altre donne U-nike, e noi tre, Sara, Chiara e Vanessa, lì in cima a una montagna, lì proprio dove vi abbiamo aiutato ad arrivare, con davanti a voi il cielo azzurro, il sole che ci scalda l'anima, il profumo dell'erba e il suono degli uccellini attorno a noi. Osserviamo tutta l'immensità dello spazio davanti a noi.

Ora, abbiamo la scelta di lasciarci andare e spiccare il volo, grazie alle ali che tutte insieme abbiamo costruito, sulle nostre schiene femminili. Ci diamo la mano, noi, voi e tutte le donne U-nike, libere di spiccare il volo e volare leggiadre.

Arriverà, poi, quel momento: saremo ognuna nella sua personale intimità, ma con la piena consapevolezza che nel nostro stesso cielo ci sono altre donne come noi.

U-nike vuole insegnare questo: a fare quei piccoli, ma decisivi, passi indietro per prendere la rincorsa e con coraggio, respirare a pieni polmoni, trattenere il fiato e lanciarsi… per volare!

Partendo proprio dai vostri talenti, facendoveli coltivare, e utilizzare le vostre ali bianche e pure: tutto per trovare il vostro equilibrio al fine di realizzare una vita sana, di successo, ricca e soddisfacente.

U-nike è l'insegnamento attraverso il quale potrete librarvi leggere nel cielo della vostra vita: in che modo farlo lo capirete di volta in volta ed è un percorso personale solo vostro.

Avete scoperto che avete le ali, lo potete fare se davvero lo volete, ed è vicino più di quanto immaginiate: potete trovare il vostro posto nel mondo amando e curando voi stesse.

Se siete ancora preoccupate, noi siamo qui, pronte ad accogliervi e ad ascoltarvi: quello che ci separa è solo un vostro ultimo passo.

Non vi promettiamo che la strada sarà semplice e senza cadute, ma possiamo, invece, promettervi che troverete *sempre* qualcuno al vostro fianco, pronto ad aiutarvi a tirare fuori il meglio di voi, lasciando le catene, le costrizioni e i giudizi lungo la strada verso la cima di quella montagna.

Adesso, è proprio giunto il momento di salutarci: una circostanza che è sempre un'emozione particolare che racchiude l'amore per quello che è stato condiviso, ma allo stesso tempo anche una sorta di malinconia.

Con serenità, calma, responsabilità e consapevolezza starà a voi fare le migliori scelte. Vi vogliamo salutare così:

"La vita non concede repliche, ma nuovi inizi (Lya Alfano).

E noi vi auguriamo il vostro miglior volo, qualunque esso sia.

Vanessa, Sara, Chiara

Ringraziamenti

Grazie!

Una parola che apparentemente è semplice.

In realtà raccoglie un significato e un valore immensi.

Per noi *grazie* esprime la nostra più profonda riconoscenza, stima e affetto per tutte le nostre donne U-Nike che hanno preso a cuore la nostra visione e missione e hanno messo a disposizione i loro talenti, la loro esperienza, le loro sfide e il loro viaggio per ispirarci e facilitare la crescita di chi vuole ricominciare da sé stessa e riprendere in mano la propria vita o semplicemente espandere la propria coscienza e conoscenza.

Grazie a Elena, Viviana, Stefania, Elisa, Tania e Vesna per essersi sempre prese sul serio con determinazione e coraggio, con quella giusta goccia di autoironia che ti fa mettere in discussione e uscire dalla mediocrità.

Grazie per essere cadute a terra e rialzate sempre.

Grazie per aver trasformato le vostre debolezze di donne in quella forza esplosiva, quella forza tutta femminile, quella forza che manifesta dolcezza e allo stesso tempo resilienza. La forza aspirazionale che nutre la speranza che ognuna di noi possa fare lo stesso.

Grazie a Raffaella, la nostra ghostwriter, per avere creato questo libro insieme a tutte noi ed essere riuscita a esprimere attraverso le parole l'unicità e la bellezza contenute in ognuna.

Grazie a ogni lettrice per la decisione che prenderà con il dire:
"Basta" alla propria sofferenza
"Basta" all'incertezza
"Basta" a dover accettare situazioni in cui non si sta più bene.

Grazie per la decisione di prendere la consapevolezza che tutto quello che ci è successo ha un senso solo nel momento in cui lo si possa trasformare nella nostra più grande fortuna.

E infine grazie a noi tre per esserci fidate l'una dell'altra e aver creato un'azienda capace di fare la differenza per noi e per ogni donna che voglia creare valore per sé stessa, per le altre donne e per il mondo.

Chiara, Sara, Vanessa

Qualcosa di speciale per te

A te, che hai deciso di acquistare questo libro e investire il tuo prezioso tempo con noi, desideriamo fare un regalo speciale, in quanto appartenente alle donne U-nike.

Come hai letto nel capitolo 4, dopo la lettura di queste pagine potrai avvicinarti al mondo U-nike, in modo del tutto gratuito, attraverso:

- la *tribe*, una community tutta per noi, protetta e potenziata da donne, proprio come te, in cui condividiamo storie, contenuti, aggiornamenti, percorsi, riflessioni ed emozioni su tantissimi temi.

Temi vasti che ricoprono i molteplici aspetti della vita, come: *lifestyle*, famiglia, protezione personale e patrimoniale, professione, carriera, pensieri ed emozioni. Dove puoi trovarla? Sul nostro sito: www.u-nike.com.

- I nostri canali social come pagina Facebook, gruppo riservato Facebook, Instagram, cercando sempre U-nike.

Facendo un ulteriore passo, potrai accedere alla nostra master class, ed è qui che abbiamo riservato uno *speciale regalo* tutto per te, che ti sveliamo tra qualche riga.

La master class U-nike è formata da oltre dieci ore di approfondimenti formativi, in cui parliamo di:

- *Benessere psico-fisico-emozionale*
- *Autostima*
- *Comunicazione*
- *Lavoro.*

Troverai video, file "pdf" scaricabili, esercizi e tutto ciò che ti serve per iniziare il tuo percorso, al fine di diventare una donna U-nike, per *sempre* tuoi!

Nella master class affrontiamo, quindi, diversi macrotemi che riguardano la protezione, la consapevolezza e la manifestazione della tua femminilità.

Ti possiamo garantire che sono oltre dieci ore di contenuti dall'enorme valore.

Ed è proprio sulla master class che vogliamo farti il nostro personale regalo: offrirti uno speciale sconto del dieci per cento sull'acquisto.

Come fare per ottenerlo? Molto semplice!

- Clicca qui: https://www.u-nike.com/bonus
- Compila il form, inserendo i tuoi dati
- Avrai immediatamente l'accesso al tuo sconto.

Potrai seguire i video quando vuoi, sia da computer sia da mobile, in totale libertà.

Attenzione a un aspetto molto importante: devi sapere che lavoriamo costantemente per offrire il miglior servizio possibile alle nostre donne U-nike, con evoluzioni continuative e, proprio per questo…

non sappiamo per quanto tempo ancora sarà disponibile questo speciale regalo!

Il nostro consiglio è di accedervi il prima possibile per garantirti questo vantaggio.

Ora, non ci resta che augurarti una vita meravigliosa e dirti che…

ti aspettiamo a braccia aperte!

Sara, Chiara e Vanessa

www.ingramcontent.com/pod-product-compliance
Lightning Source LLC
LaVergne TN
LVHW010601160826
845677LV00013B/3203
9788861748897